Kristina Eselgrimm
Manuela Frank

# Sachunterricht an Stationen

Handlungsorientierte Materialien zu den Kernthemen der

## Klasse 3

Auer

**Die Herausgeber:**

Marco Bettner – Rektor als Ausbildungsleiter, Haupt- und Realschullehrer, Referent in der Lehrerfort- und Lehrerweiterbildung, zahlreiche Veröffentlichungen als Autor und Herausgeber

Dr. Erik Dinges – Rektor einer Förderschule für Lernhilfe, Referent in der Lehrerfort- und Lehrerweiterbildung, zahlreiche Veröffentlichungen als Autor und Herausgeber

**Die Autorinnen:**

Kristina Eselgrimm – Grundschullehrerin
Manuela Frank – Grundschullehrerin

Gedruckt auf umweltbewusst gefertigtem, chlorfrei gebleichtem und alterungsbeständigem Papier.

2. Auflage 2014
Nach den seit 2006 amtlich gültigen Regelungen der Rechtschreibung

Titelbild: Corina Beurenmeister
Illustrationen im Innenteil: Bettina Weyland
Satz: krauß-verlagsservice, Augsburg
Druck und Bindung: Franz X. Stückle Druck und Verlag, Ettenheim
ISBN 978-3-403-**06500**-5

www.auer-verlag.de

# Inhalt

# Vorworte

Bei den vorliegenden Stationsarbeiten handelt es sich um eine Arbeitsform, bei der unterschiedliche Lernvoraussetzungen, unterschiedliche Zugänge und Betrachtungsweisen und unterschiedliche Lern- und Arbeitstempi der Schülerinnen und Schüler Berücksichtigung finden. Die Grundidee ist, den Schülerinnen und Schülern einzelne Arbeitsstationen anzubieten, an denen sie gleichzeitig selbstständig arbeiten können. Die Reihenfolge des Bearbeitens der einzelnen Stationen ist dabei ebenso frei wählbar wie das Arbeitstempo und meist auch die Sozialform.
Als dominierende Unterrichtsprinzipien sind bei allen Stationen die Schüler- und Handlungsorientierung aufzuführen. Schülerorientierung meint, dass der Lehrer in den Hintergrund tritt und nicht mehr im Mittelpunkt der Interaktion steht. Er wird zum Beobachter, Berater und Moderator. Seine Aufgabe ist nicht das Strukturieren und Darbieten des Lerngegenstandes in kleinsten Schritten, sondern durch die vorbereiteten Stationen eine Lernatmosphäre zu schaffen, in der Schülerinnen und Schüler sich Unterrichtsinhalte eigenständig erarbeiten bzw. Lerninhalte festigen und vertiefen können.
Handlungsorientierung meint, dass das angebotene Material und die Arbeitsaufträge für sich selbst sprechen. Der Unterrichtsgegenstand und die zu gewinnenden Erkenntnisse werden nicht durch den Lehrer dargeboten, sondern durch die Auseinandersetzung mit dem Material und die eigene Tätigkeit gewonnen und begriffen.

Ziel der Veröffentlichung ist, wie oben angesprochen, das Anknüpfen an unterschiedliche Lernvoraussetzungen der Schülerinnen und Schüler. Jeder einzelne Schüler erhält seinen eigenen Zugang zum inhaltlichen Lernstoff. Die einzelnen Stationen ermöglichen das Lernen nach allen Sinnen bzw. nach den verschiedenen Eingangskanälen. Dabei werden sowohl visuelle (sehorientierte), haptische (fühlorientierte) als auch intellektuelle Lerntypen angesprochen. An dieser Stelle werden auch gleichermaßen die Bruner'schen Repräsentationsebenen (enaktiv bzw. handelnd, ikonisch bzw. visuell und symbolisch) mit einbezogen. Aus Ergebnissen der Wissenschaft ist bekannt: Je mehr Eingangskanäle angesprochen werden, umso besser und langfristiger wird Wissen gespeichert und damit umso fester verankert.

Viel Freude und Erfolg mit dem vorliegenden Heft wünschen Ihnen
die Herausgeber

*Marco Bettner* *Dr. Erik Dinges*

Der Sachunterricht soll die Schüler und Schülerinnen befähigen, die gesellschaftliche und individuelle Lebenswirklichkeit zu verstehen und in ihr kompetent handeln zu können. Dafür ist es wichtig, dass sie sich mit Sachverhalten aus ihrer sozialen, natürlichen und technischen Umwelt auseinandersetzen. Die Themen des Sachunterrichts sind daher aus der Umwelt der Kinder zu gewinnen und sollten die Vorerfahrungen der Schüler und Schülerinnen mit einbeziehen. Gleichzeitig sollten sie die Chance bieten, Qualifikationen der Schüler zu entwickeln und zu erweitern.
Die Themen Wetter, Getreide, Teich, Strom und Magnetismus erfüllen diese Kriterien und sind so gewählt, dass sie möglichst viele Lebensbereiche der Kinder ansprechen.

In diesem Heft werden Symbole für Einzelarbeit (☺), Partnerarbeit (☺☺) und Gruppenarbeit (☺☺☺) verwendet, die sich in der jeweiligen Kopfzeile der Arbeitsblätter befinden. Dies ist als Vorschlag zu verstehen und kann flexibel gehandhabt werden.

Viel Vergnügen beim Experimentieren und Erforschen wünschen Ihnen
die Autorinnen

*Kristina Eselgrimm* *Manuela Frank*

# Materialaufstellung und Hinweise

## Wetter

Die Seiten 9 bis 20 in entsprechender Anzahl kopieren und den Schülerinnen und Schülern bereitlegen.

Station 3 **Wir messen Temperaturen**
Thermometer in ausreichender Menge bereitlegen. Diese sollten vorher auf ihre Funktionstüchtigkeit hin überprüft werden. Die Kinder sollten darauf hingewiesen werden, dass sie sich gegenseitig beim Messen an höher gelegenen Orten Hilfestellung und Halt geben sollen.
*Hinweise zum Versuch:* Luft dehnt sich beim Erwärmen aus. Sie hat damit eine geringere Dichte als kalte Luft und ist somit leichter und steigt auf. Die von der Heizung erwärmte Luft steigt auf, kühlt sich an der Decke ab und sinkt dadurch an der gegenüberliegenden Seite wieder zum Boden. Dort sind geringere Temperaturen zu messen als an höher gelegenen Punkten.

Station 5 **Wir lassen es regnen**
Die Kinder sollten im Vorfeld aufgefordert werden, große Gläser (z. B. Gurkengläser) mitzubringen. Klarsichtfolie, Erde, Sand, kleine Steine (Kies) und Haushaltsgummis sollten in ausreichender Menge zur Verfügung gestellt werden. Die kleinen Pflanzen können bereits im Vorfeld im Unterricht gezogen oder von der Lehrkraft oder den Kindern mitgebracht werden. Wichtig ist, dass die Pflanzen mit Wurzeln in die Erde eingesetzt werden.
Es ist sinnvoll, ein fertiges Modell bereitzustellen, um den Aufbau zu verdeutlichen.
*Hinweise zum Versuch:* Die Pflanze nimmt mithilfe ihrer Wurzeln Wasser aus dem Boden auf und gibt es als Wasserdampf durch ihre Spaltöffnungen an die Luft ab. Wenn die Luft im Glas gesättigt ist, d. h. keine Feuchtigkeit mehr aufnehmen kann, kondensiert das Wasser und Wassertröpfchen setzen sich als feiner Regen an dem kühleren Glas ab.

Station 6 **Nebel entsteht**
Saubere, durchsichtige Flaschen, Eiswürfel und Trichter in ausreichender Menge bereitstellen. Das heiße Wasser (nicht kochend!) sollte in Thermoskannen angeboten werden. Die Kinder müssen auf einen vorsichtigen Umgang hingewiesen werden. Die Lehrkraft sollte gegebenenfalls beim Einfüllen Hilfestellungen geben.
*Hinweise zum Versuch:* Ein Teil des heißen Wassers verdunstet und steigt in der Flasche nach oben. Dort trifft es auf den Eiswürfel und kühlt sich ab. Dabei bilden sich kleine Wassertröpfchen. Diese binden sich an die winzigen, nur unter Mikroskop erkennbaren Staubteilchen in der Luft. Nebel entsteht.

## Getreide

Die Seiten 21 bis 31 in entsprechender Anzahl kopieren und den Schülerinnen und Schülern bereitlegen.

Station 4 **Aufbau eines Getreidekorns**
Lupen in ausreichender Anzahl bereitlegen. Eine große Zahl an Getreidekörnern mit Schale sowie mehrere flache Steine, die sich zum Mahlen der Körner anbieten, zur Verfügung stellen. Vor dem Zermahlen der Körner sollte altes Zeitungspapier ausgelegt werden.
*Hinweise zum Versuch:* siehe Lösung, Seite 26

Station 7 **Wir lassen Getreide wachsen**
Blumentöpfe, Gartenerde und verschiedene Getreidekörner sollten in ausreichender Menge zur Verfügung gestellt werden. Zum Gießen sollte eine Gießkanne vorhanden sein.

## Teich

Die Seiten 32 bis 41 in entsprechender Anzahl kopieren und den Schülerinnen und Schülern bereitlegen.

Station 1 **Lebensraum Teich**
Tier- und Pflanzenbestimmungsbuch bereitlegen.

Station 3 **Der Wasserfrosch**
Modell eines Froschs bereitlegen.

Station 6 **Pflanzen am und im Teich**
Pflanzenbestimmungsbuch bereitlegen.

Station 7 **Vögel am Teich**
Tier-/Vogelbestimmungsbuch bereitlegen.

Station 8 **Wer frisst wen?**
Tierbestimmungsbuch bereitlegen.

## Strom

Die Seiten 42 bis 53 in entsprechender Anzahl kopieren und den Schülerinnen und Schülern bereitlegen. Die Kinder müssen bei diesem Thema darauf hingewiesen werden, dass Experimente mit Strom niemals zu Hause durchgeführt werden dürfen. Sicherheitsregeln sollten vorab im Unterricht besprochen werden.

Es ist wichtig, die verwendeten Lämpchen und Batterien im Vorfeld auf ihre Funktionsfähigkeit hin zu überprüfen. Man sollte darauf achten, dass die angebotenen Drähte an ihren Enden ausreichend von der Isolierung befreit werden, um ein Einspannen in die Fassungen zu erleichtern.

Station 4 **Wir lassen eine Glühlampe leuchten**
Glühlämpchen und Flachbatterien in ausreichender Menge bereitstellen.
*Hinweise zum Versuch:* Damit das Lämpchen leuchten kann, müssen der Schraubsockel und das Kontaktplättchen gleichzeitig mit je einem Pol der Batterie Kontakt haben. Nur so ist der Stromkreis geschlossen.

Station 5 **Einfacher Stromkreis**
Glühlämpchen, Flachbatterien, Fassungen, Drähte, Schraubenzieher und Büroklammern in ausreichender Menge zur Verfügung stellen.
*Hinweise zum Versuch:* Damit die Lampe leuchten kann, muss der Strom von einem Pol der Batterie durch den Leiter und die Metallschraube zu dem Kontrollplättchen der Glühbirne fließen. Von dort fließt er durch den Glühdraht zum Schraubsockel. Über das Metallgewinde der Fassung und die zweite Leitung fließt er zurück zum zweiten Pol der Batterie.

Station 6 **Reihen- und Parallelschaltung**
Glühlämpchen, Flachbatterien, Fassungen, Drähte, Schraubenzieher und Büroklammern in ausreichender Menge zur Verfügung stellen.
*Hinweise zum Versuch:* Sind mehrere Lämpchen in einem Stromkreis hintereinander geschaltet, spricht man von einer Reihenschaltung. In dieser Schaltung gehen alle Lampen aus, sobald eine der Lampen aus der Fassung gedreht wird, da dann der Stromkreis unterbrochen ist. Je mehr Lämpchen in einer Reihenschaltung hintereinander geschaltet sind, desto schwächer leuchten sie.
In der Parallelschaltung sind mehrere Lämpchen parallel geschaltet, das heißt, jedes Lämpchen hat seinen eigenen Stromkreis. Alle Lämpchen leuchten daher gleich hell. Wird eines der Lämpchen aus der Fassung gedreht, leuchten die anderen weiter.

Station 7 **Welche Materialien leiten Strom?**

Glühlämpchen, Flachbatterien, Fassungen, Drähte, Schraubenzieher und Büroklammern in ausreichender Menge zur Verfügung stellen. Es ist sinnvoll, den Kindern einige Gegenstände zum Testen anzubieten (z. B. Lineal, Stifte, Münzen), auf die sie zurückgreifen können.

*Hinweise zum Versuch:* Ein Leiter ist ein Stoff, der frei bewegliche Ladungsträger enthält und sich somit zum Transport geladener Teilchen eignet. Diesen Transport nennt man elektrischen Strom. Metalle sind hervorragende Leiter, aber auch andere Stoffe besitzen diese freien Ladungsträger (z. B. Salzlösungen). Stoffe, die Strom nur sehr schlecht oder gar nicht leiten, nennt man Nichtleiter oder Isolatoren.

Station 9 **Zeichen in der Elektrotechnik**

Die Kopiervorlage sollte einmal als Aufgabenblatt bzw. Lösungsblatt für das Memory an der Station ausliegen. Die Memorykarten sollten außerdem mehrfach foliert und ausgeschnitten in Schachteln oder Dosen angeboten werden.

*Hinweise zum Versuch:* Es gibt eine Reihe von Symbolen, um elektrische Geräte und daraus zusammengefügte Schaltungen übersichtlich zeichnen zu können. Nur die für den Unterricht wichtigsten sind aufgeführt.

Station 10 **Salz und Pfeffer**

Salz, gemahlener schwarzer Pfeffer, Teller, Plastiklöffel und weiche Tücher in ausreichender Menge bereitstellen. Mehrere Erläuterungen (siehe Lösungen) sollten zum Beispiel als folierte Karten angeboten werden.

## Magnetismus

Die Seiten 54 bis 61 in entsprechender Anzahl kopieren und den Schülerinnen und Schülern bereitlegen. Im Vorfeld sollten alle Magnete auf ihre Magnetkraft hin überprüft werden. Die Kinder müssen auf den richtigen Umgang mit Magneten hingewiesen werden (sie z. B. nicht fallen zu lassen).

Station 1 **Magnete**

Hufeisenmagnete, Scheiben- und Stabmagnete sowie Büroklammern in ausreichender Menge zur Verfügung stellen.

*Hinweise zum Versuch:* Die Kraft eines Magneten hängt von seiner Form und seiner Größe ab. Hufeisenmagnete sind in der Regel stärker als Stabmagnete und diese wiederum stärker als Scheibenmagnete. Wenn zwei Magnete die gleiche Form haben, so ist der größere auch der stärkere.

Station 2 **Welche Gegenstände zieht ein Magnet an?**

Scheibenmagnete (aus dem Baumarkt) sowie die zu untersuchenden Gegenstände sollten in ausreichender Menge bereitgelegt werden. Die Büroklammern sollten aus Metall sein. Die freien Spalten in der Tabelle auf dem Arbeitsblatt sollen die Kinder zum eigenen Experimentieren anregen.

*Hinweise zum Versuch:* Permanentmagnete üben eine Anziehungskraft auf Dinge aus, die Eisen enthalten. Die Metalle Nickel und Kobalt sowie andere Magnete werden ebenfalls von Magneten angezogen.

Station 3 **Magnetpole**

Stabmagnete sollten in ausreichender Menge bereitgestellt werden. Es ist darauf zu achten, dass bei diesen Magneten Nord- und Südpol farblich gekennzeichnet sind.

*Hinweise zum Versuch:* Es gibt zwei verschiedene Magnetpole. Sie werden als Süd- und Nordpol bezeichnet, wobei der Südpol meist grün und der Nordpol rot dargestellt ist. Magnetpole sind die Ursache für das Auftreten magnetischer Kräfte. Ungleichnamige Pole ziehen sich dabei an, gleichnamige Pole stoßen sich ab.

Station 4 **Die Kraft des Magneten (1)**

Stabmagnete, Büroklammern aus Metall, Hufeisenmagnete, Papier, Bleistifte und Lineale in ausreichender Menge bereitlegen. Es ist darauf zu achten, dass die Magnete eine ausreichende Magnetkraft besitzen, um die Ergebnisse zu verdeutlichen.

*Hinweise zum Versuch:* Die stärkste Anziehungskraft besteht bei einem Magneten an seinen beiden Polen. In seiner Mitte übt der Magnet kaum Kraft aus. Diese wird auch als neutrale Zone bezeichnet.

Die Magnetkraft wirkt nicht nur bei direktem Kontakt, sondern auch aus der Ferne.

Station 5 **Die Kraft des Magneten (2)**

Eisennägel, Stabmagnete und Büroklammern in ausreichender Menge zur Verfügung stellen.

*Hinweise zum Versuch:* Ferromagnetische Stoffe ohne magnetische Wirkung können durch einen Magneten magnetisiert werden. Magnetische Kraft ist somit übertragbar. Streicht man mit einem Magneten mehrmals in einer Richtung über einen Eisennagel, so wird dieser magnetisiert. Er kann nun selbst Büroklammern anziehen. Beim Magnetisieren geht die Kraft des Magneten nicht verloren und wird auch nicht schwächer.

Magnete und magnetisierte Stoffe verlieren ihre Anziehungskraft durch Erschütterungen oder durch starkes Erhitzen.

Station 6 **Wirkt die Magnetkraft durch Gegenstände hindurch?**

Büroklammern, Stabmagnete, Klebestreifen, Wollfäden, Holzstäbe und Bücher sowie das zu testende Material in ausreichender Menge bereitlegen. Die Bücher sollen ungefähr die gleiche Höhe haben und sich gut aufstellen lassen. Die Magnete müssen eine ausreichende Kraft haben, um diesen Versuch zu verdeutlichen. Als Holz bietet sich ein dünnes Holzlineal an. Als Alternative zu den Holzstäben bieten sich auch die Lineale der Kinder an.

*Hinweise zum Versuch:* Magnetische Anziehungskräfte wirken durch nicht magnetisierbare Stoffe in fast unveränderter Stärke hindurch. Dies gilt auch für Wasser.

Station 7 **Wir machen das magnetische Feld sichtbar**

Hufeisenmagnete, Pappe und Eisenspäne in ausreichender Menge bereitstellen. Die Kinder müssen darauf hingewiesen werden, dass ein Einatmen der Eisenspäne unbedingt vermieden werden soll. Entsprechende Verhaltensregeln müssen im Vorfeld besprochen werden.

*Hinweise zum Versuch:* Magnetische Feldlinien zeigen, wie die magnetischen Kräfte gerichtet sind. Diese bilden geschlossene Linien, die außerhalb des Magneten vom Nord- zum Südpol und innerhalb des Magneten vom Süd- zum Nordpol verlaufen. Diese Feldlinien lassen sich mit Hilfe von Eisenspänen sichtbar machen. Die Eisenspäne werden durch den Kontakt mit dem Magneten selbst zu kleinen Magneten und richten sich dementsprechend aus.

Station 8 **Der Kompass**

Faden, metallische Büroklammern, Klebeband und Stabmagneten in ausreichender Menge bereitstellen. Es ist darauf zu achten, dass die Stabmagneten eine ausreichende Magnetkraft besitzen, um die Büroklammern zu magnetisieren.

*Hinweise zum Versuch:* Die Nadel eines Kompasses richtet sich, wenn sie frei nach allen Richtungen beweglich ist, in Richtung des Magnetfeldes der Erde aus. Die Spitze der Nadel, ihr Nordpol, zeigt dabei immer nach Norden. Da sich gleichnamige Pole abstoßen, liegt der magnetische Südpol der Erde in ihrem Norden. Der Südpol zieht den Nordpol der Nadel an. Das Magnetfeld der Erde schützt unseren Planeten vor den Strahlungen energiereicher Teilchen der Sonne. Ohne diesen Schutz wäre ein Leben auf der Erde nicht möglich.

## Station 1 Thermometer (1)

**Aufgabe:**

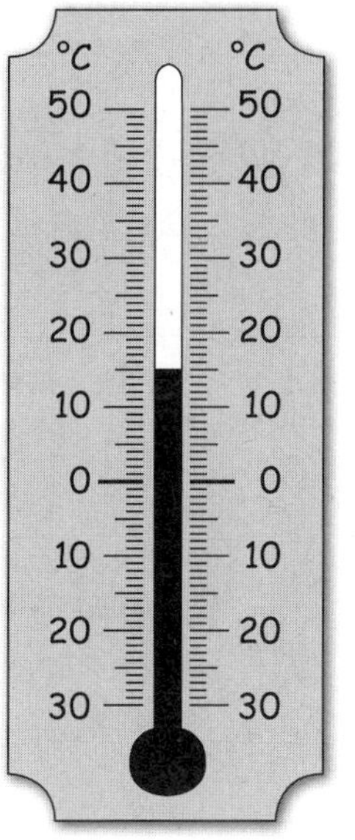


1. Setze die Begriffe aus dem Kasten unten in den Lückentext ein.

   Das Thermometer ist ein ____________________ zum Messen von ____________________. Das Flüssigkeitsthermometer hat der schwedische ____________________ Anders Celsius erfunden. So funktioniert es: In einem ____________________ befindet sich eine Flüssigkeit. Wird diese Flüssigkeit unten im ______________ warm, so dehnt sie sich aus und ____________ im Röhrchen nach oben. Bei Kälte zieht sie sich wieder zusammen und ____________ nach unten. Bleibt die Flüssigkeit im Röhrchen stehen, kannst du dort an der ________ ablesen, wie warm es ist.

   Es gibt inzwischen auch Thermometer, die anders funktionieren, zum Beispiel digitale Thermometer.

   Die Temperatur wird in Grad Celsius (°C) angegeben. Du sagst: „Es sind 15 Grad Celsius.“ Du schreibst: „15 °C.“

| |
|---|
| Flüssigkeitsbehälter – Gerät – Glasröhrchen – sinkt – Skala – steigt – Temperaturen – Wissenschaftler |

2. Welche Thermometer findest du bei dir zu Hause? Schreibe auf.

____________________________________________

____________________________________________

____________________________________________

# Station 2 Thermometer (2) ☺

**Aufgabe:**

1. Wie heißen die Teile des Thermometers? Beschrifte.
   Folgende Begriffe helfen dir: Flüssigkeit, Flüssigkeitsbehälter, Glasröhrchen, Skala.

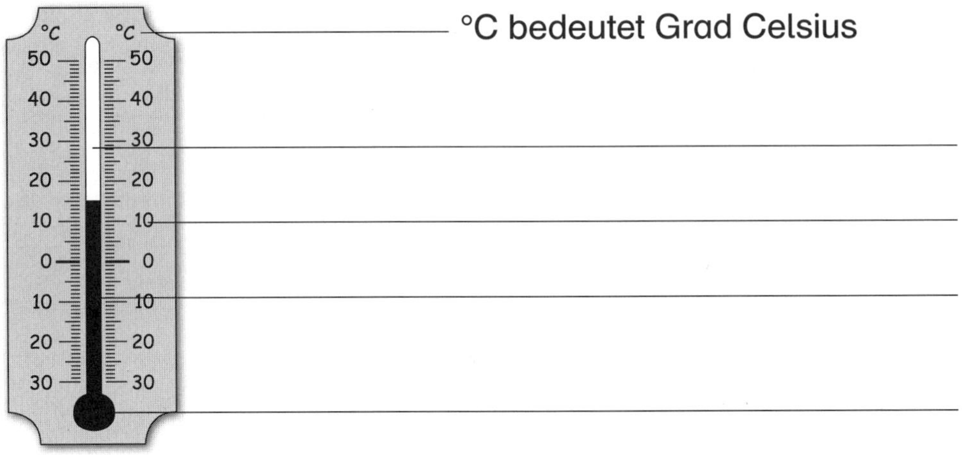


2. Lies die Temperaturen ab und schreibe sie unter die Thermometer.

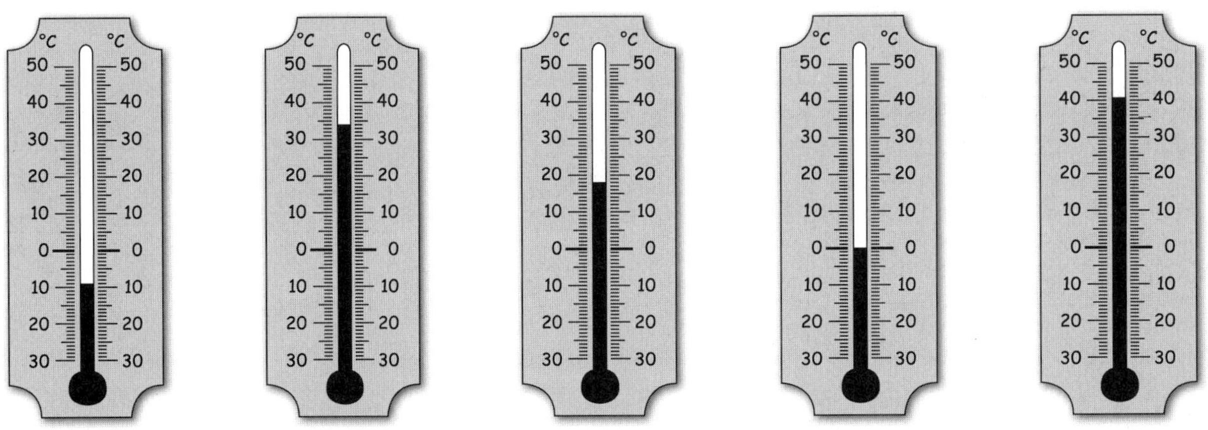


3. Zeichne die angegebenen Temperaturen in die Thermometer ein.

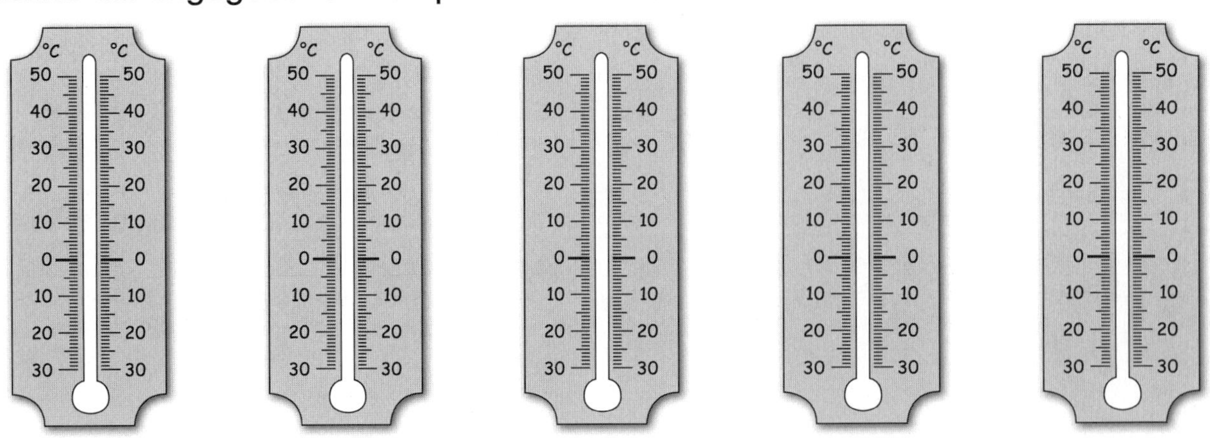


1 °C | 27 °C | –25 °C | 19 °C | –13 °C

| Station 3 | Wir messen Temperaturen ☺☺ |
|---|---|

**Aufgabe:**

1. Schaut euch das Bild genau an. Geht mit eurem Thermometer an die Stelle im Klassenzimmer, an der ihr die Temperatur messen sollt.

2. Bleibt dort einen Moment ruhig stehen oder legt das Thermometer hin. Lest die Temperatur ab, wenn die Flüssigkeit im Thermometer zum Stillstand gekommen ist.

3. Schreibt die abgelesene Temperatur in die Tabelle.

| Messort | Temperatur |
|---|---|
| auf dem Tisch | |
| auf dem Fußboden | |
| am geschlossenen Fenster | |
| an der Wand | |
| an der Heizung | |
| unter der Heizung | |
| über der Heizung | |
| oberhalb der Tür | |

4. Vergleicht die Temperaturen, die ihr gemessen habt. Was könnt ihr feststellen?

________________________________________

________________________________________

# Station 4 So entsteht Regen

**Aufgabe:**

1. Schaue dir das Bild an. Lies dir die Texte in den Textkärtchen genau durch.
2. Schneide die Textkärtchen aus und lege sie an die entsprechende Stelle neben das Bild. Klebe sie auf.

| | | |
|---|---|---|
| Mit zunehmender Höhe kühlen sich die Wassertröpfchen in den Wolken wieder ab. | Die Tröpfchen verbinden sich zu immer größer werdenden Tropfen. Irgendwann sind sie so schwer, dass sie als Regentropfen vom Himmel fallen. | Das Wasser verdunstet und steigt in Form von winzigen Tröpfchen nach oben. |
| Die Sonne erwärmt das Wasser. | Millionen solcher kleiner Tropfen bilden dann die Wolken, die weiter aufsteigen. | Das Wasser fließt im Boden weiter und gelangt in Bäche und Flüsse. Diese münden ins Meer. |

# Station 5 Wir lassen es regnen

**Ihr braucht:**

- 1 großes Glas
- Klarsichtfolie
- Gartenerde
- Sand
- kleine Steine (Kies)
- 1 Gummi
- kleine Pflanze

**So funktioniert es:**

1. Füllt in euer Glas zunächst Steine, danach Sand und zuletzt Gartenerde.
2. Setzt die Pflanze vorsichtig ein.
3. Gießt die Pflanze, aber nicht zu viel. Das Wasser darf auf keinen Fall im Glas stehen.
4. Spannt die durchsichtige Plastikfolie mit dem Gummi über das Glas.
5. Stellt das Glas auf die Fensterbank und beobachtet es eine Woche.

**Aufgabe:**

Was passiert? Schreibt und zeichnet eure Beobachtungen auf.

# Station 6 Nebel ensteht

***Ihr braucht:***

- 1 saubere, durchsichtige Flasche
- 1 Eiswürfel
- heißes Wasser
- 1 Trichter

***So funktioniert es:***

1. Gießt heißes Wasser mithilfe des Trichters ungefähr 5 cm hoch in die Flasche.

   ⚠ **Geht hierbei besonders vorsichtig vor, damit ihr euch nicht verbrüht.**

2. Legt einen Eiswürfel auf die Flaschenöffnung.

***Aufgabe:***

Wartet eine Weile und beobachtet, was passiert. Schreibt und zeichnet eure Beobachtungen auf.

# Station 7 Niederschlagsarten

Es gibt viele verschiedene Arten von Niederschlägen. Sie alle bestehen aus Wasser, unterscheiden sich aber in der Temperatur und in der Zustandsform des Wassers (fest, flüssig oder gasförmig).
Die unterschiedliche Lufttemperatur ist dafür verantwortlich, dass das Wasser in verschiedenen Niederschlagsarten auf die Erde fällt.

***Aufgabe:***

1. Lies dir die Informationen zu den einzelnen Niederschlagsformen durch und zeichne in die Kästchen ein Bild, auf dem die Niederschlagsart zu erkennen ist.

| | | | |
|---|---|---|---|
| | | | |
| Wenn Wolken fast vollständig vereist sind, können sich in ihnen **Schneeflocken** bilden. In den Wolken befinden sich dann winzige Eiskristalle mit unterschiedlichsten Formen. Diese fallen zur Erde. | Wenn Wasser mit einer Tropfengröße von 0,6–3 mm aus den Wolken auf die Erde fällt, spricht man von **Regen**. | Der Wasserdampf in der Luft wird wieder zu Wasser, wenn er auf kleine, kalte Staubteilchen in der Luft trifft. So bildet sich **Nebel**. | Kommen Regentropfen bei ihrem Weg zur Erde an sehr kalten Luftschichten vorbei, werden die Tropfen zu Eiskörnern und es **hagelt**. Häufig ist dies während Sommergewittern der Fall. |

| |
|---|
| |
| Tagsüber ist es wärmer als nachts. Das am Tag verdunstete Wasser wird wieder zu Wasser, wenn es auf kalte Dinge trifft, wie zum Beispiel Grashalme oder Spinnennetze. Es entsteht **Tau**. |

2. Beobachte eine Woche lang, welche Niederschläge es gibt. Erstelle eine Tabelle und trage die Niederschlagsarten ein.

| | |
|---|---|
| Montag | |
| Dienstag | |
| Mittwoch | |
| Donnerstag | |
| Freitag | |
| Samstag | |
| Sonntag | |

# *Station 8* *Windstärken*

Wind ist bewegte Luft. Die Geschwindigkeit des Windes wird mit einem Windmesser festgestellt und in Windstärke auf einer Zahlenskala von 0 bis 12 angegeben. Windstärke 0 bedeutet absolute Windstille, bei Windstärke 12 spricht man von einem Orkan.

Diese Einteilung erfolgte durch den englischen Admiral Sir Francis Beaufort. Immer wenn der Wind wehte, beobachtete er die Natur. Es fiel ihm auf, dass bestimmte Windstärken unterschiedliche Auswirkungen auf die Umwelt hatten. Dem Wind, bei dem sich Blätter und kleine Zweige von Laubbäumen bewegen, gab er zum Beispiel die Stärke 3.

***Aufgabe:***

1. Schaue dir die Bilder genau an.

2. Schneide die acht Textkärtchen aus und ordne sie den Bildern zu. Klebe sie auf.

Windstärke 1

Windstärke 6

Windstärke 9

Windstärke 12

| | | | |
|---|---|---|---|
| | | | |
| | | | |

| | | | |
|---|---|---|---|
| Große Verwüstungen sind zu sehen. | Starke Äste sind in Bewegung. | Rauch gibt die Windrichtung an, die Wetterfahne reagiert noch nicht. | Häuser sind leicht beschädigt, Dachziegel fallen herunter. |
| **leichter Zug** | **Sturm** | **Orkan** | **starker Wind** |

# Station 9 Wolkenformen

Es gibt verschiedene Arten von Wolken. Sie unterscheiden sich in ihren Farben und Formen.

***Aufgabe:***

1. Schaue dir die Bilder genau an.
2. Verbinde die Bilder mit dem passenden Text.

**Haufenwolken**
bilden Wolkenbänke aus vielen einzelnen Wolken. Sie sehen aus wie Wattebausche. Aus ihnen fällt selten Regen.

**Gewitterwolken**
sind die größten Wolken. Sie sind dunkel, wirken sehr bedrohlich und hängen tief. Aus einer Gewitterwolke kann viel Regen, Schnee oder Hagel fallen.

**Federwolken**
sehen aus wie weiße, flaumige Federn. Aus ihnen fällt kein Regen.

**Schichtwolken**
heißen so, weil sie den ganzen Himmel mit einer grauen Schicht bedecken. Aus ihnen fällt oft Regen.

**Schäfchenwolken**
bestehen aus kleinen weißen Wolkenflecken. Sie sind meist in Gruppen oder Bändern angeordnet. Sie sehen aus wie eine Schafherde am Himmel.

2. Gehe zum Fenster und schaue dir den Himmel genau an.
   Welche Wolken kannst du sehen? Beschreibe sie.

______________________________________________

______________________________________________

______________________________________________

# Station 10 Der Wetterbericht

Das Wetter beeinflusst unser tägliches Leben. Daher ist es oft notwendig zu wissen, wie das Wetter werden wird. Wetterfachleute, die das Wetter vorhersagen können, nennt man Meteorologen. Sie bekommen von Wetterstationen in der ganzen Welt und von Wettersatelliten ständig Messergebnisse übermittelt. Diese werden in Computern gespeichert und ausgewertet. Eine zuverlässige Wettervorhersage kann für die nächsten drei Tage erstellt werden.

***Aufgabe:***

1. Wie würdest du das Wetter heute beschreiben? Lies dir die Wetterbeschreibungen durch und kreise diejenigen ein, die für das heutige Wetter zutreffen.

wolkenlos   Nebel   wolkig

Regen   Schneeregen

Kälte   eisig

kühl   Hagel   Hitze

Orkan

27 °C   bedeckt

Schäfchenwolken   Schnee

Sturm

14 °C   windstill

windig   -2 °C   Haufenwolken

2. Sortiere alle Wetterbeschreibungen in die Tabelle ein.

| Temperatur | Wind | Niederschlag | Bewölkung |
|---|---|---|---|
| Hitze | Sturm | Regen | bedeckt |
| | | | |
| | | | |
| | | | |
| | | | |
| | | | |
| | | | |

# Station 11 Die Wetterkarte ☺

Sieh dir die Wetterkarte und die Wettervorhersage für den 3. Februar genau an.

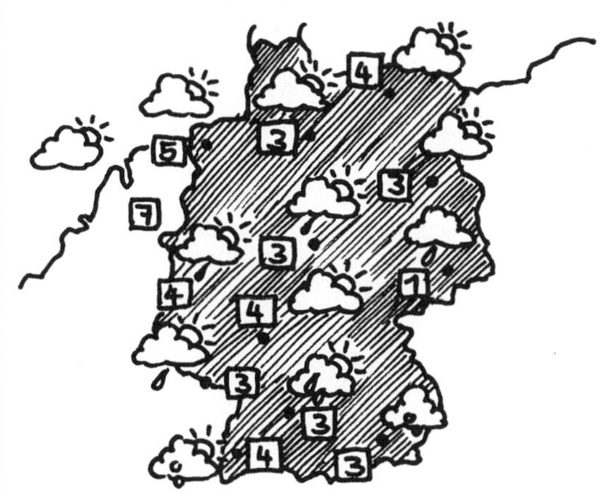


Morgen ist es im Norden Deutschlands bewölkt, es bleibt aber trocken. Über die Mitte Deutschlands ziehen einige Regenwolken. Zeitweise scheint aber auch die Sonne.
Im Süden muss mit Schnee gerechnet werden. Die Temperaturen erreichen in ganz Deutschland Höchstwerte von 3 °C bis 4 °C.

***Aufgabe:***

Erstelle nun einen Wetterbericht für den 17. Mai und schreibe ihn auf.
Die Wettersymbole helfen dir dabei.

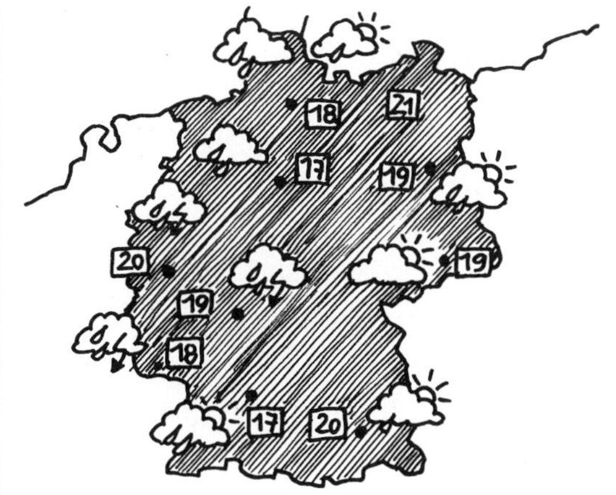

 sonnig
 bewölkt
 leichter Regen
 mäßiger Regen
 Gewitter mit Regenschauern
 bewölkt mit leichten Regenschauern
 leichter Schneefall
 mäßiger Schneefall

______________________________________________

______________________________________________

______________________________________________

______________________________________________

______________________________________________

______________________________________________

______________________________________________

# Station 12 Bauernregeln

Früher hatten die Menschen keine Wettervorhersagen. Sie versuchten, das Wetter genau zu beobachten und gewisse Regeln zu finden, die ihnen halfen, das Wetter vorherzusehen.

Diese Beobachtungen, die von einer Generation zur nächsten weitergegeben wurden, sind uns als „Bauernregeln“ oder „Wetterregeln“ bekannt. Damit die Menschen sie sich besser merken konnten, sind sie häufig in Reimform verfasst.

***Aufgabe:***

Hier findest du einige Bauernregeln, die durcheinandergeraten sind.
Verbinde die richtigen Satzteile miteinander und schreibe die vollständigen Bauernregeln in dein Heft.

| | |
|---|---|
| Wenn die Schwalben niedrig fliegen, | füllt es dem Bauern Scheun’ und Fass. |
| Ist der April schön und rein, | rettet der September nicht. |
| Was der Juli verbricht, | werden wir bald Regen kriegen. |
| Regnet es zu St. Nikolaus, | wird der Mai um so wilder sein. |
| Ist der Mai kühl und nass, | wird der Dezember wild und graus. |

## Station 1 | Wozu brauchen wir Getreide? ☺/☺☺

**Aufgabe:**

1. Schaue dir das Bild genau an. Kreise alles ein, was mit Getreide zu tun hat.

2. Schreibe deine Ergebnisse auf.

# Station 2 Heimische Getreidearten ☺/☺☺

***Aufgabe:***

1. Nimm dir vier leere Steckbriefe und die Infotexte zu den Getreidearten.

2. Lies dir die vier Texte durch und unterstreiche das Wichtigste.

3. Schneide die Getreidebilder unten aus. Klebe sie in die freien Kästchen in den Steckbriefen.

4. Fülle die Getreidesteckbriefe aus.

**Weizen**

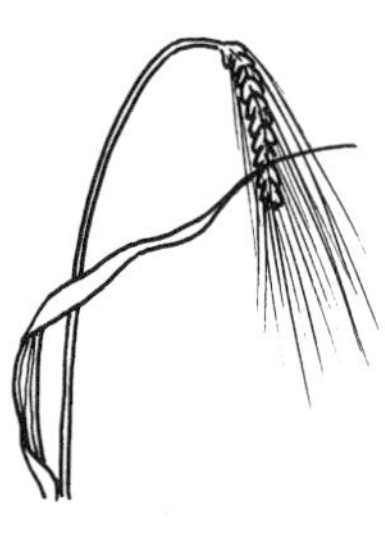

**Gerste**

**Roggen**

**Hafer**

## Station 2 – Heimische Getreidearten (Infotexte) ☺/☺☺

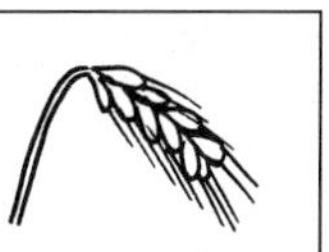

Der **Weizen** wurde vermutlich aus Afghanistan nach Deutschland gebracht.
Die Halme des Weizens können bis zu 1,5 m hoch werden.
Der Weizen besitzt vierkantige Ähren ohne Grannen (starre Härchen).
Eine Weizenähre besteht aus 20 bis 35 Ährchen.
Jedes einzelne Ährchen trägt zwei bis fünf Körner.
Der Winterweizen wird Mitte September bis Anfang Dezember ausgesät,
der Sommerweizen im März. Die Blütezeit ist im Juni.
Winter- und Sommerweizen werden im August geerntet.

Der **Roggen** kam ursprünglich aus dem Iran.
Die Halme des Roggens können bis zu 2 m hoch werden.
Wie beim Weizen ist auch die Ähre des Roggens vierkantig.
Sie besitzt kurze Grannen, die halb so lang sind wie die Ähre.
Eine Roggenähre trägt zwischen 30 bis 45 Ährchen.
Jedes Ährchen schließt zwei Körner ein.
Roggen wird im Oktober ausgesät, die Blütezeit ist Ende Mai.
Er wird im Juli geerntet.

Die **Gerste** kam aus Südostasien nach Deutschland.
Die Halmhöhe dieser Getreideart beträgt nur 60 cm.
Das besondere Merkmal der Gerste sind die langen Grannen,
die länger als die Ähre selbst sind.
Die Gerstenähre trägt zwischen 25 und 30 Ährchen.
Jedes Ährchen beinhaltet nur ein Korn.
Die Wintergerste wird im September und Oktober ausgesät,
die Sommergerste im März und April. Die Blütezeit liegt im Juni und Juli.
Winter- und Sommergerste werden im August geerntet.

Der **Hafer** ging wahrscheinlich aus einem Getreideunkraut (Windhafer)
hervor und kam ursprünglich aus Asien.
Diese Getreideart erreicht in etwa die Höhe des Weizens.
Der Hafer gehört, anders als der Roggen, der Weizen und die Gerste,
zu den Rispengräsern. An jeder Rispe sitzen Ährchen, in denen sich
die Haferkörner befinden.
Jede Haferpflanze trägt etwa 20 Ährchen, die jeweils zwei Körner einschließen.
Hafer wird im März und April ausgesät, die Blütezeit liegt im Juni und Juli.
Er wird im August geerntet.

## Station 2 – Heimische Getreidearten (Steckbriefe)

☺/☺☺

Höhe: ____________________

Aussaat: ____________________

____________________

Blütezeit: ____________________

Erntezeit: ____________________

Körneranzahl einer Ähre/Rispe: ____________________

Wissenswertes: ____________________

____________________

____________________

____________________

---

Höhe: ____________________

Aussaat: ____________________

____________________

Blütezeit: ____________________

Erntezeit: ____________________

Körneranzahl einer Ähre/Rispe: ____________________

Wissenswertes: ____________________

____________________

____________________

____________________

# Station 3 Aufbau von Getreidepflanzen ☺

***Aufgabe:***

Ordne die Namen der Pflanzenteile aus dem Kasten den Bildern zu.

Beschrifte die Zeichnungen.

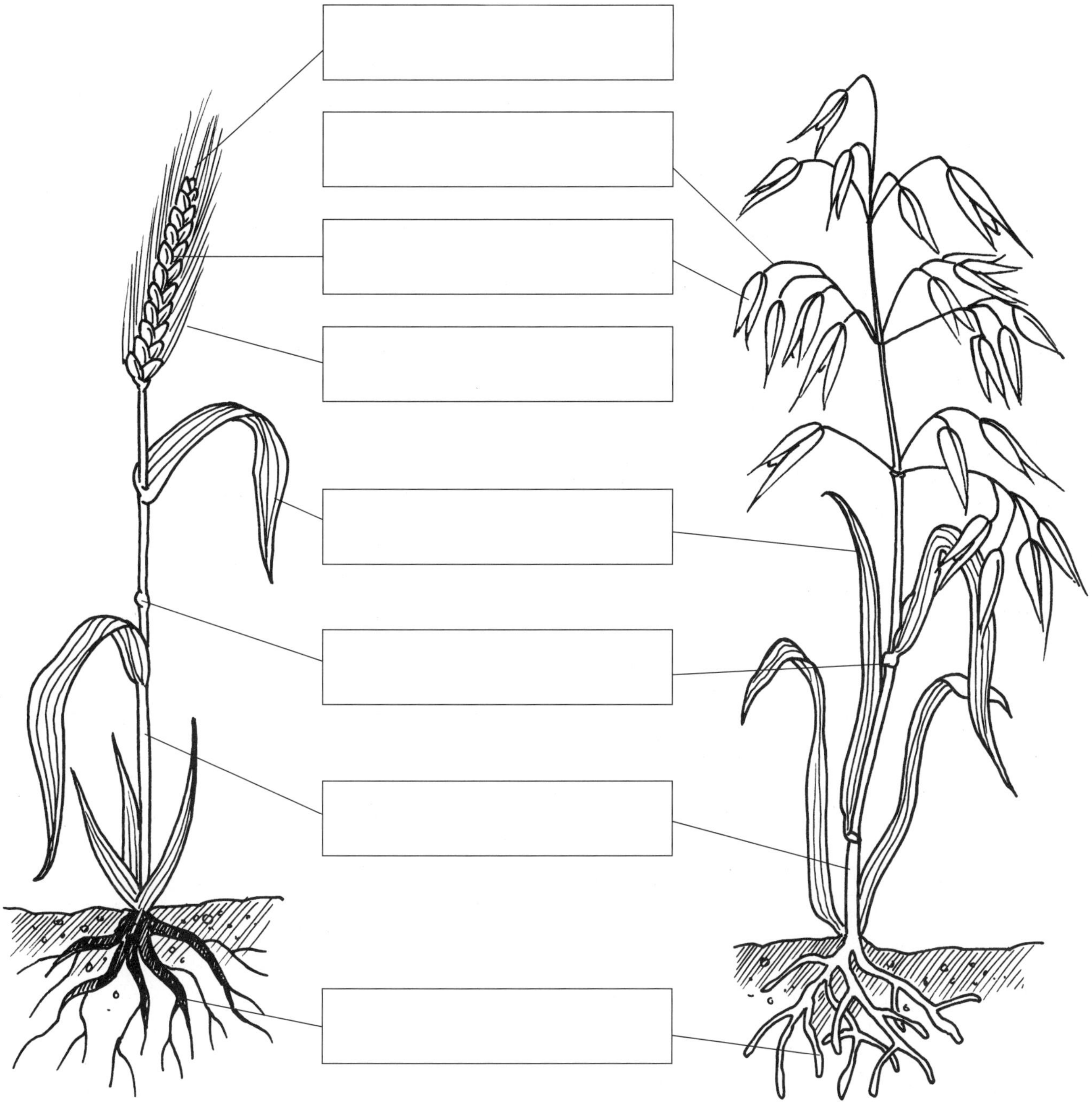

Ähre Blatt Stängelknoten Halm Wurzeln
Korn Rispe Granne

# Station 4 Aufbau eines Getreidekorns

**Aufgabe:**

1. Betrachte das Getreidekorn genau mit der Lupe.

2. Schreibe auf, was du siehst.

______________________________________________

______________________________________________

______________________________________________

3. Beschrifte das Getreidekorn.
   Folgende Begriffe helfen dir: Mehlkörper, Keimling, Schale.

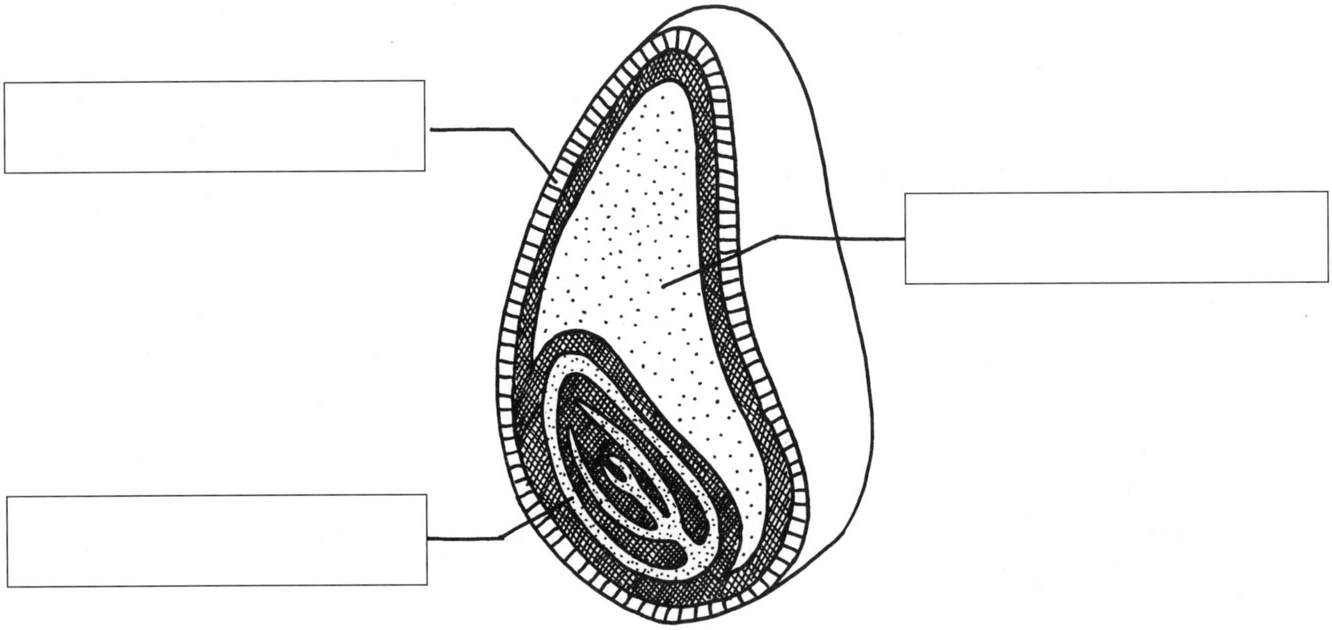

4. Zermahle mehrere Getreidekörner zwischen zwei Steinen.
   Was passiert?

______________________________________________

______________________________________________

______________________________________________

## Station 5 Getreideanbau und Getreideernte früher

**Aufgabe:**

1. Schneide die Bild- und die Textkärtchen aus und lege sie in die richtige Reihenfolge.
2. Überprüfe deine Lösung mithilfe des Lösungsblattes.
3. Klebe die Bilder in die Kästchen auf der Vorlage ein.

| | | |
|---|---|---|
|  | | |
|  | Das Getreide wird mit der Sense abgemäht und in Garben gebunden. | Die Egge zerkleinert die Erde und ebnet den Boden. |
|  | Die Garben werden gebündelt und aufgeladen. | Die Körner werden eingesät und wieder mit Erde bedeckt. |
|  | Die Körner werden von der Spreu (Getreideabfall) getrennt und in Säcke gefüllt. | Der Pflug reißt die Erde auf. |
|  | Die Körner werden aus den Ähren gedroschen. | Die Säcke werden zur Mühle gebracht und die Körner zu Mehl gemahlen. |
|  |  |  |

## Station 5 – Getreideanbau und Getreideernte früher (Blankovorlage)

| | Text | Bild |
|---|---|---|
| ① | | |
| ② | | |
| ③ | | |
| ④ | | |
| ⑤ | | |
| ⑥ | | |
| ⑦ | | |
| ⑧ | | |

# Station 6 Getreideanbau und Getreideernte heute

***Aufgabe:***

Verbinde den entsprechenden Text mit dem passenden Bild.

Das Korn wird aus dem Silo in Säcke abgefüllt.

Der Mähdrescher reinigt die Körner und befördert sie in ein Silo.

Der Pflug reißt die Erde auf.

Die Egge zerkleinert die Erde und ebnet den Boden.

Die Sämaschine bringt die Körner in den Boden.

Der Mähdrescher schneidet das Getreide ab und drischt die Körner aus.

Der Bauer bringt das Korn zur Mühle, wo es zu Mehl gemahlen wird.

# Station 7 Wir lassen Getreide wachsen ☺/☺☺

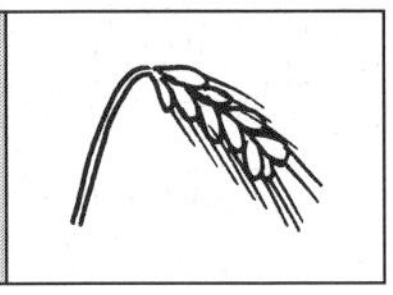

***Du brauchst:***

- Blumentöpfe
- Gartenerde
- verschiedene Getreidekörner
- Gießkanne
- 1 Lineal

***So funktioniert es:***

1. Fülle die Blumentöpfe mit Gartenerde.
2. Pflanze einige Getreidekörner in die Erde.
3. Beschrifte die Töpfe, sodass du weißt, welche Körner in welchem Topf sind.
4. Stelle die Blumentöpfe auf die Fensterbank.
5. Gieße regelmäßig, sodass die Erde nicht austrocknet.

***Aufgabe:***

Schaue 1-mal täglich nach den Töpfen.
Schreibe deine Beobachtungen auf.

| Datum | Beobachtung | Länge des Halms/ Stängels |
|---|---|---|
| | | |
| | | |
| | | |
| | | |
| | | |
| | | |
| | | |
| | | |
| | | |
| | | |

# Station 8 Getreidesuchsel ☺

***Aufgabe:***

1. In dem Getreidesuchsel haben sich sechs Getreidearten versteckt. Finde sie und kreise sie ein.

| | | | | | | | | |
|---|---|---|---|---|---|---|---|---|
| H | I | R | S | E | H | E | H | H |
| A | W | O | C | H | G | H | W | K |
| F | U | G | E | R | S | T | E | B |
| E | I | G | B | H | M | A | I | S |
| R | H | E | H | D | H | H | Z | E |
| M | L | N | O | P | E | H | E | H |
| T | E | H | V | N | H | A | N | Y |

2. Schreibe die Namen der Getreidearten neben die Bilder.

 ____________________

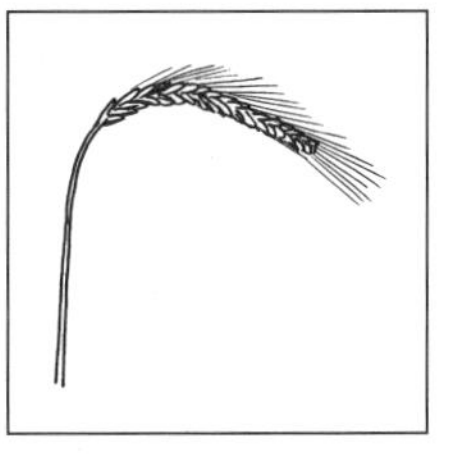 ____________________

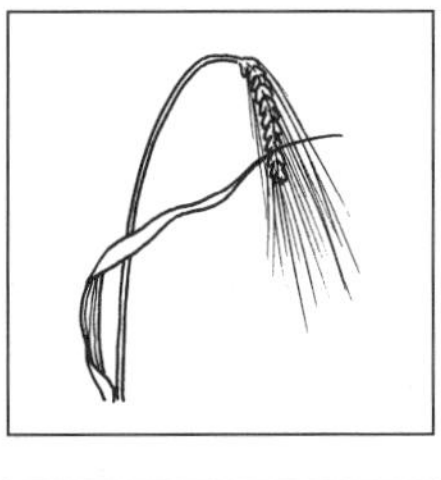 ____________________

 ____________________

 ____________________

 ____________________

# Lebensraum Teich

**Aufgabe:**

1. Kreise alle Tiere und Pflanzen ein, die im und am Wasser leben.

2. Schreibe die Namen der Tiere auf, die du eingekreist hast.
   Bist du dir unsicher, nimm das Tierbestimmungsbuch zu Hilfe.

______________________________________________

______________________________________________

______________________________________________

3. Schreibe die Namen der Pflanzen auf, die du eingekreist hast.
   Hier kann dir das Pflanzenbestimmungsbuch helfen.

______________________________________________

______________________________________________

# Station 2 Karpfen und Hecht

***Aufgabe:***

1. Lies dir die Sachtexte sorgfältig durch und unterstreiche die wichtigsten Informationen.

2. Fülle die Tabelle aus.

| | | |
|---|---|---|
| Name | | |
| Größe | | |
| Gewicht | | |
| Alter | | |
| Aussehen | | |
| Nahrung | | |

3. Welche Unterschiede fallen dir auf?

4. Was haben die beiden Fische gemeinsam?

**Station 2** | **Karpfen und Hecht (Sachtexte)** ☺/☺☺

## Der Karpfen

Der Karpfen lebt in warmen Gewässern wie Teichen oder langsamen Flüssen.
Seine Laichzeit liegt zwischen Mai und Juli.
Der Karpfen besitzt eine Afterflosse, eine Bauchflosse, eine Brustflosse, eine Rückenflosse und eine schwach gegabelte Schwanzflosse. Er hat kurze und lange Barteln (Bartfäden) am Maul.
Der Karpfen atmet mit seinen Kiemen. Bei 35 cm Körperlänge wiegt er ca. 1 kg. Er kann über 50 Jahre alt werden.
Der Karpfen gehört zu den Friedfischen, das heißt, dass er sich von Insektenlarven, Schnecken und Würmern ernährt und keine anderen Fische jagt und frisst.
Das Weibchen heißt Rogner und das Männchen Milchner.

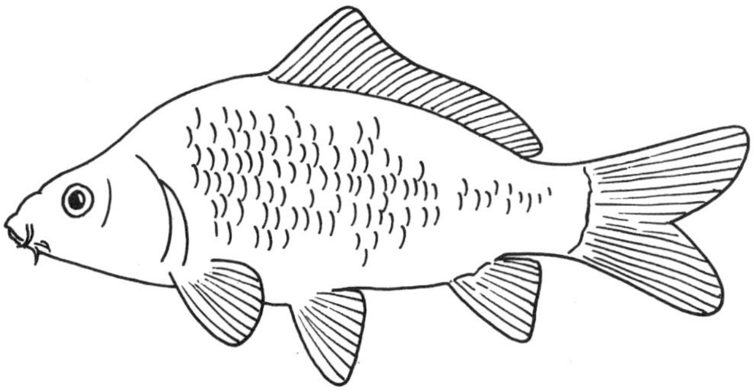

## Der Hecht

Der Hecht lebt in nicht zu schnell fließenden Gewässern.
Er ist standorttreu, das heißt, er bleibt an seinem Wohnplatz.
Er lebt als Einsiedler und ist der gefräßigste Raubfisch.
Er wartet an Baumwurzeln, Wasserpflanzen oder Seerosenblättern auf seine Beute, die meist aus kleinen Fischen und Fröschen sowie Säugetieren und Wasservögeln und auch kranken und schwachen Wassertieren besteht.
Seine Gestalt ist sehr schlank, die Rückenflosse sitzt nah am Schwanz, der Unterkiefer steht weit vor, das große Maul ist bis unter die Augen gespalten, ein wenig wie ein Entenschnabel geformt und hat sehr spitze Zähne. Die Färbung ist bei den Tieren verschieden, von grau- bis gelbgrün mit dunklerem Rücken und weißlichem Bauch.
Seitlich hat der Hecht helle, oft goldgelbe Flecken und Streifen.
Das Männchen bleibt kleiner als 100 cm, sehr große Weibchen können sogar 150 cm lang und 15 kg schwer werden. Hechte werden bis zu 100 Jahre alt.
Die Laichzeit (Zeit der Eiablage) liegt im Frühjahr von Mitte Februar bis Ende April.

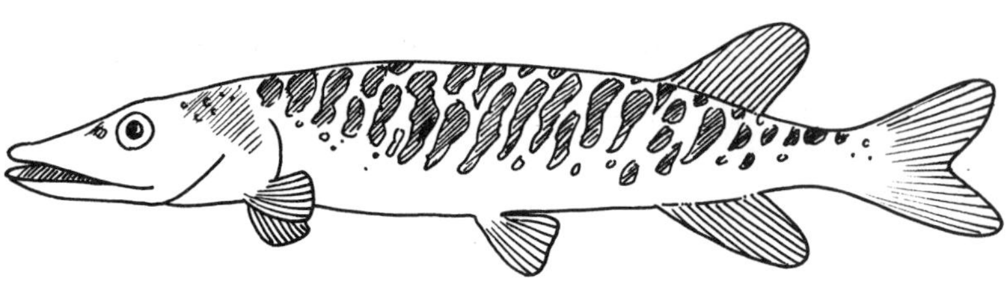

# Station 3 Der Wasserfrosch

☺/☺☺

Der Wasserfrosch gehört zu den Froschlurchen.

Zuerst lebt er als Kaulquappe im Wasser und später als Frosch an Land.

Er besitzt kurze Vorderbeine und lange Hinterbeine mit Schwimmhäuten, mit denen er hervorragend springen und schwimmen kann.

Die Haut des Wasserfroschs ist feucht und teilweise warzig.

Die Männchen haben zwei Schallblasen am Kopf, mit denen sie Paarungsrufe erzeugen.

Wasserfrösche ernähren sich hauptsächlich von Insekten und Spinnen, die sie blitzschnell mit ihrer langen Zunge fangen.

Wasserfrösche stehen unter Artenschutz.

***Aufgabe:***

1. Lies dir den Text gut durch.
2. Fülle den Steckbrief aus.

Name: ______________________________

Aussehen: ______________________________

______________________________

Nahrung: ______________________________

Fortbewegung: ______________________________

______________________________

Besonderheit: ______________________________

______________________________

3. Stelle der Klasse den Wasserfrosch in einer kurzen Präsentation vor.
Zur Hilfe kannst du das Modell benutzen.

## Station 4 Vom Laich zum Frosch ☺/☺☺

***Aufgabe:***

1. Schneide die Bild- und die Textkärtchen aus und sortiere sie in der richtigen Reihenfolge.

2. Überprüfe deine Lösung mithilfe des Lösungsblattes und klebe die Bilder in die Kästchen auf der Vorlage.

| | |
|---|---|
| Im April/Mai findet die Paarung statt. Das Männchen sprüht seine Samen über die vom Weibchen gelegten Eier. |  |
| Die Vorderbeinchen wachsen. Nun sieht die Kaulquappe wie ein kleiner Frosch mit Schwanz aus. |  |
| Die Kiemen bilden sich zurück und der Schwanz schrumpft. Der Frosch atmet nun durch die Lunge und kann nur noch außerhalb des Wassers leben. |  |
| Im Frühjahr kriecht der Frosch aus seinem frostsicheren Versteck hervor. |  |
| Die Kaulquappen raspeln Teile von den Wasserpflanzen ab. Die Hinterbeinchen wachsen. |  |
| Die Larven schlüpfen aus den Eiern. Sie atmen durch Kiemen und heißen Kaulquappen. |  |
| Die Froscheier sind von einer durchsichtigen Masse umgeben. Das nennt man Froschlaich. Aus den Eiern entwickeln sich Larven. |  |
| Der Frosch ernährt sich von Spinnen, Schnecken, Würmern und Insekten, die er blitzschnell mit seiner Zunge fängt. |  |

## Station 4

# Vom Laich zum Frosch (Blankovorlage)

☺/☺☺

| | Text | Bild |
|---|---|---|
| ① | | |
| ② | | |
| ③ | | |
| ④ | | |
| ⑤ | | |
| ⑥ | | |
| ⑦ | | |
| ⑧ | | |

# Station 5 Der Wasserfloh ☺/☺☺

***Aufgabe:***

1. Lies dir den Text sorgfältig durch.

2. Beschrifte das Bild des Wasserflohs mithilfe der unterstrichenen Begriffe.

Der Wasserfloh hat am Kopf ein Auge und trägt einen Schild mit vier „Antennen“.
Die beiden kleinen Antennen sind mit Sinnesorganen besetzt.
Die großen Antennen sind stark behaart.
Mit ihnen rudert der Floh vorwärts.
Wasserflöhe können eine Größe von 1,5 mm bis 14 mm erreichen.
Am Ende ihres Körpers befindet sich ein stachelartiges Hinterteil.
Man kann sie kaum sehen, da der Körper fast durchsichtig ist.
Wasserflöhe filtern das Wasser und ernähren sich dabei von Plankton
(winzige Lebewesen in Meeren oder im Süßwasser, die sich selbst kaum bewegen).

# Station 6 Pflanzen am und im Teich ☺/☺☺

**Aufgabe:**

Ordne die Bilder den Texten zu und verbinde.
Du kannst dir ein Pflanzenbestimmungsbuch zur Hilfe nehmen.

Diese Pflanze befindet sich am Rand von stehenden oder langsam fließenden Gewässern. Sie wird bis zu 4 m hoch und hat viele Stängel.

Dies ist eine Schwimmpflanze, die sich an der Wasseroberfläche befindet und aus winzigen Blättchen besteht. An der Unterseite hat sie Wurzelbüschel.

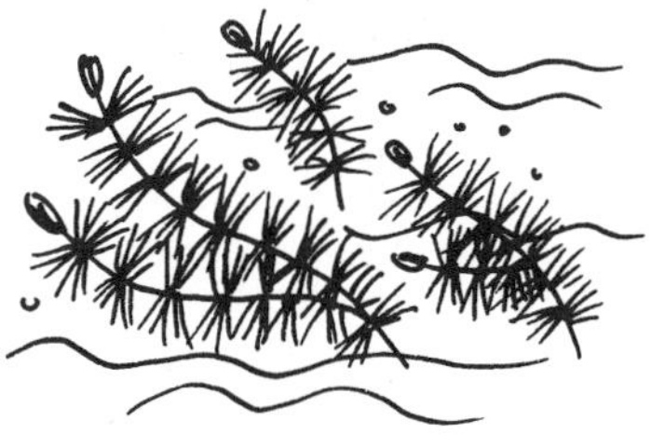

Die Pflanze wächst an Wassergräben und sumpfigen Stellen und hat im April große, gelbe Blüten.

Diese Schwimmpflanze befindet sich an der Oberfläche von Seen und großen Teichen und wird auch Wasser- und Seelilie genannt.

Diese Unterwasserpflanze schwimmt in langsam fließenden Gewässern und besitzt keine Wurzeln. Ihre Blätter sind ganz schmal und die Blüten sind kaum zu sehen. Sie reinigt das Wasser.

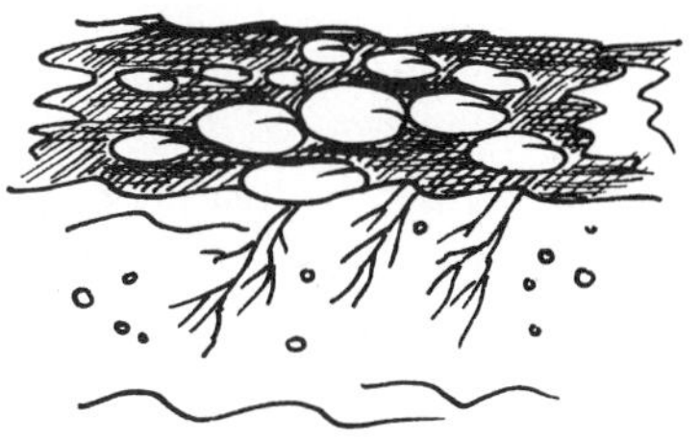

# Station 7 Vögel am Teich

**Aufgabe:**

1. Ordne die Buchstaben und schreibe den Namen der Vögel auf die Linien.
2. Verbinde den Namen mit dem Bild des Vogels.
3. Nimm dir ein Bestimmungsbuch zur Hilfe und male die Vögel in den richtigen Farben an.

| erhGrariue | rchauHtbneaue | teSckonet | hnBselsuh |
|---|---|---|---|

# Station 8 Wer frisst wen?

***Aufgabe:***

1. Überlege dir und schlage nach, welches Tier wovon ernährt.
   Kennzeichne die Fressfolge mit Pfeilen von einer Abbildung zur anderen.

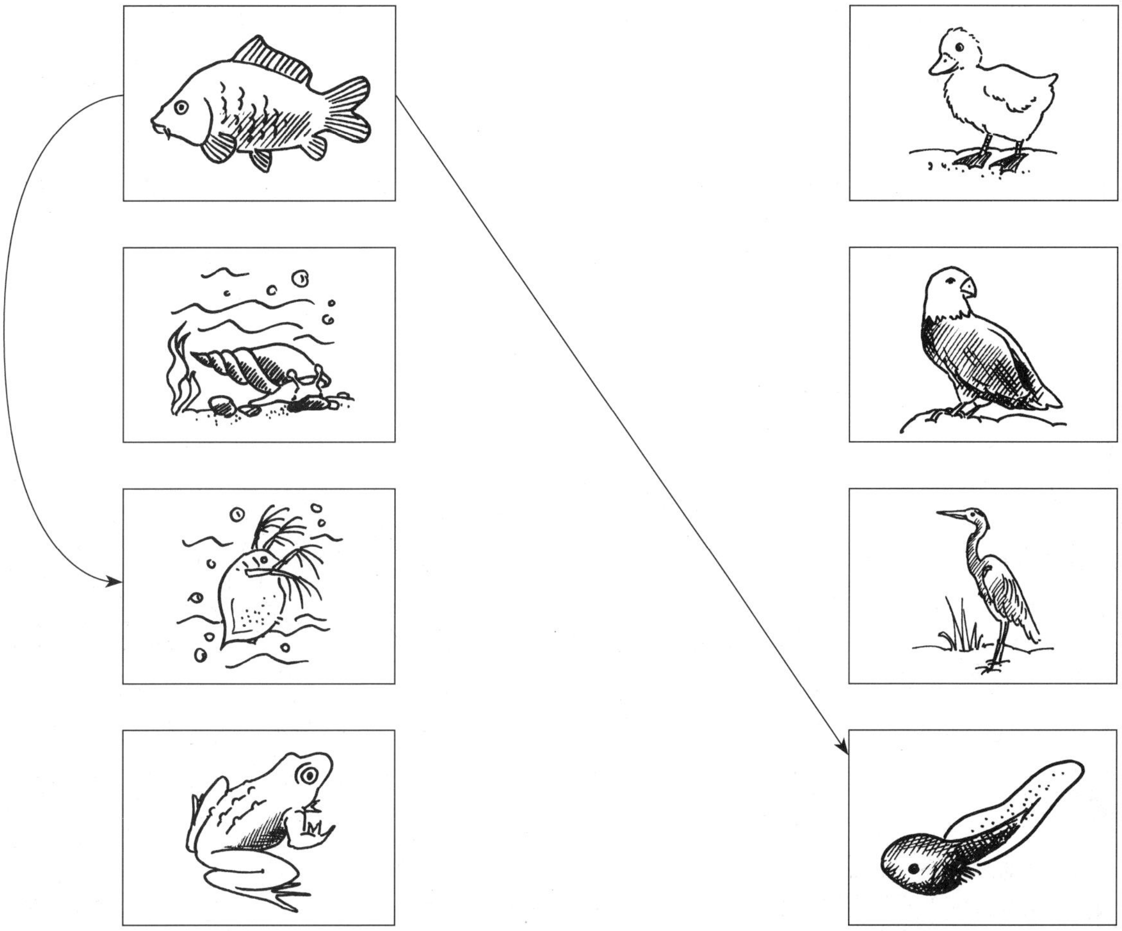

2. Schreibe die Reihenfolge der Nahrungskette auf.

# Station 1 Dafür nutzen wir Strom ☺

***Aufgabe:***

1. Welche Geräte bei dir zu Hause funktionieren nur mit Strom?
   Zeichne oder schreibe sie auf.

Der Strom aus der Steckdose wird in unseren elektrischen Geräten in verschiedene Energieformen wie Licht, Kälte, Wärme und Bewegung umgewandelt.

2. Trage in die Tabelle die Geräte aus der Aufgabe 1 entsprechend ein.
   Achtung: Manchmal kannst du ein Elektrogerät in mehrere Spalten eintragen.

| **Licht** | **Kälte** | **Wärme** | **Bewegung** |
|---|---|---|---|
| *Stehlampe* | *Kühlschrank* | *Backofen* | *Ventilator* |
| | | | |
| | | | |
| | | | |
| | | | |
| | | | |
| | | | |
| | | | |
| | | | |
| | | | |

# Station 2 Natürliche und künstliche Lichtquellen ☺

***Aufgabe:***

1. Siehe dir die Bilder genau an.
   Was sind natürliche und was sind künstliche Lichtquellen?

2. Fülle die Tabelle aus.

| Natürliche Lichtquellen | Künstliche Lichtquellen |
|---|---|
| | |
| | |
| | |
| | |
| | |
| | |

# Station 3 Glühlampe und Batterie ☺

***Aufgabe:***

1. Beschrifte die Glühlampe und die Batterie mithilfe der Begriffe aus dem Kasten.

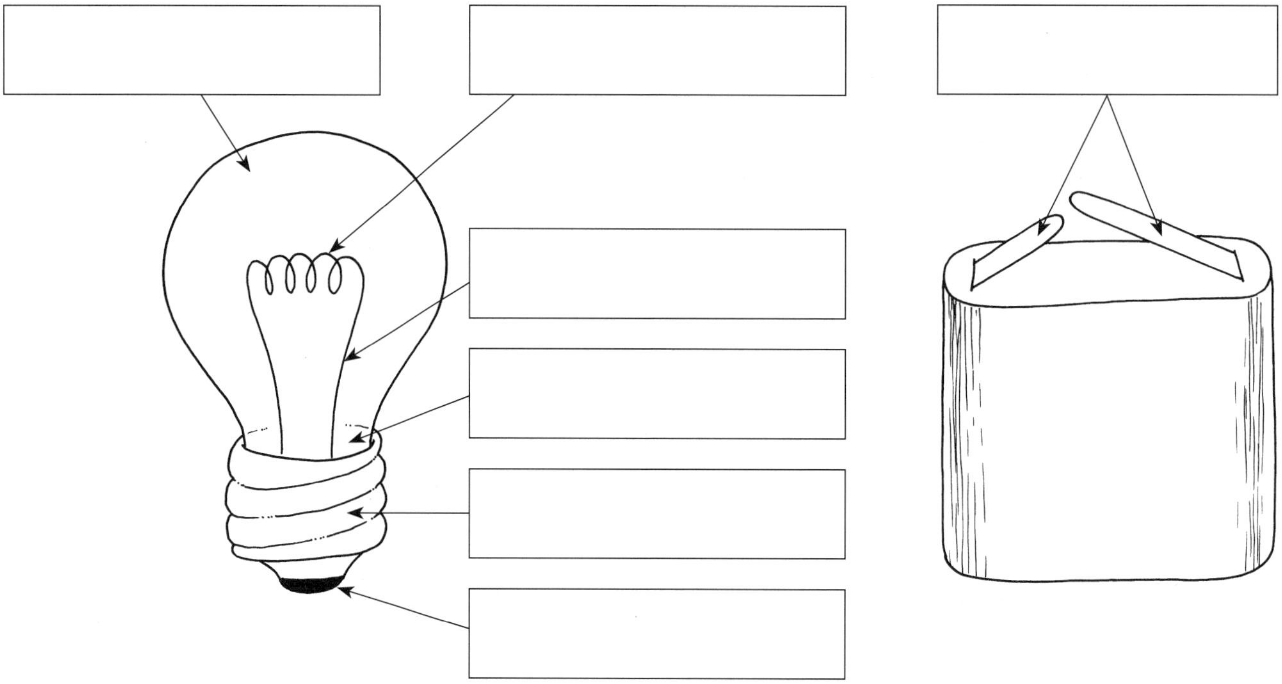

Glühdraht Glaskolben Kontaktplättchen Lötstelle
Pole Schraubsockel Zuleitungsdrähte

2. Es gibt verschiedene Arten von Batterien.
   Verbinde die Bilder mit den entsprechenden Begriffen.

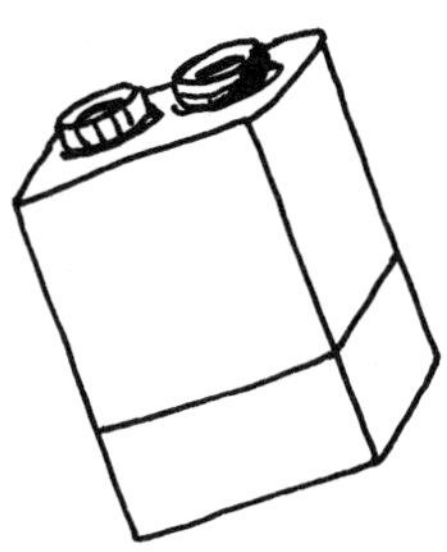

Knopfzelle

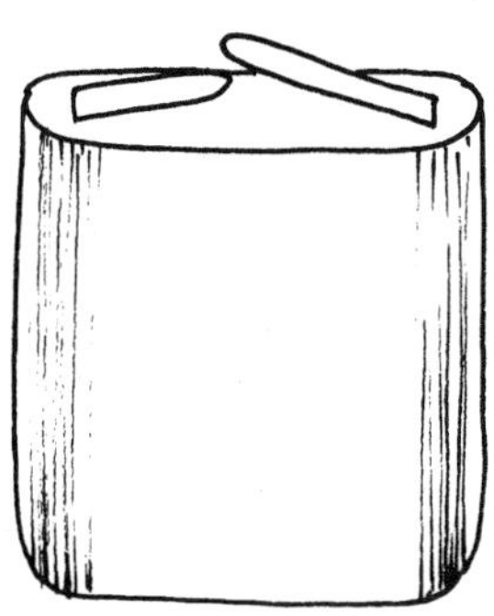

Blockbatterie

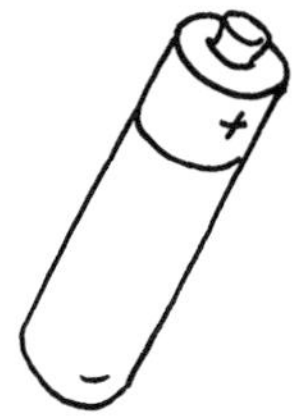

Flachbatterie

Mignonzelle

# Station 4 | Wir lassen eine Glühlampe leuchten

☺/☺☺

Eine Glühlampe leuchtet, wenn man sie richtig an die Pole der Flachbatterie hält.

***Aufgabe:***

1. Nimm dir eine Batterie und ein Lämpchen. Versuche, die Glühlampe zum Leuchten zu bringen.

2. Zeichne ein, wie du die Glühlampe halten musst, damit sie leuchtet:

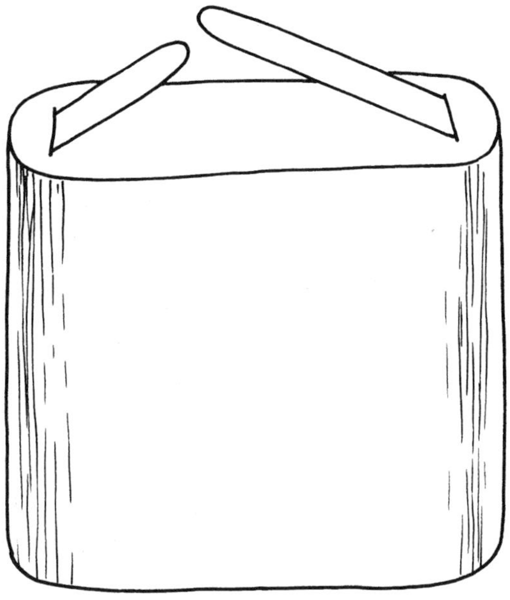

***Tipp:*** Probiere folgende Möglichkeiten aus.
In welchen Fällen leuchtet das Lämpchen? Kreuze an.

# Station 5 Einfacher Stromkreis

***Ihr braucht:***

- 1 Flachbatterie
- 1 Glühlämpchen
- 1 Fassung
- 2 Drähte
- 2 Büroklammern
- 1 Schraubenzieher

***Aufgabe:***

1. Versucht, mithilfe des Materials das Lämpchen zum Leuchten zu bringen.

2. Zeichnet euren Versuch auf.

# Station 6 Reihen- und Parallelschaltung

**Ihr braucht:**

- 1 Flachbatterie
- 2 Glühlämpchen
- 2 Fassungen
- 4 Drähte
- 2 Büroklammern
- 1 Schraubenzieher

**Aufgabe:**

1. Versucht, mithilfe des Materials zwei Lämpchen zum Leuchten zu bringen.

2. Welche beiden Möglichkeiten gibt es? Zeichnet sie ein.

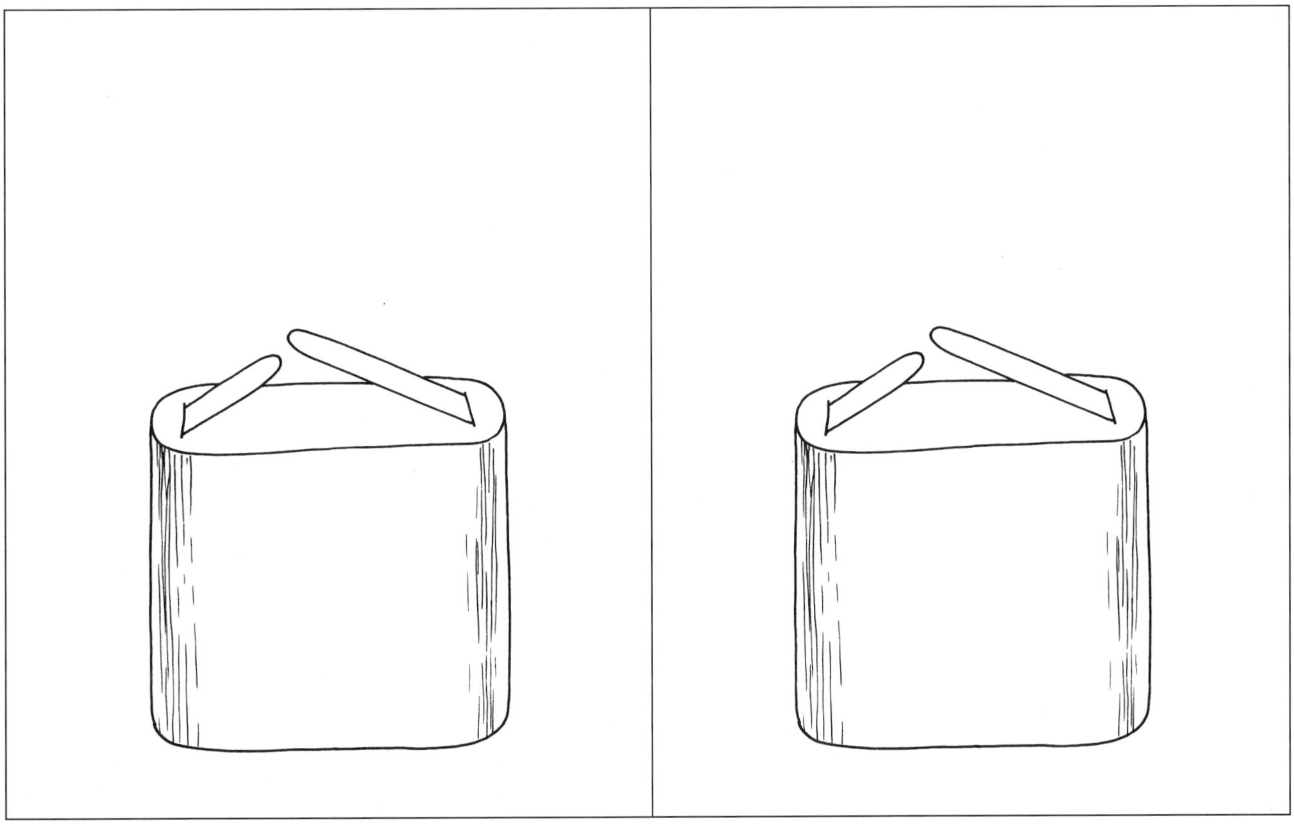

3. Was fällt euch auf?

______________________________

______________________________

______________________________

______________________________

## Station 7 Welche Materialien leiten Strom? ☺☺

***Ihr braucht:***

- 1 Flachbatterie
- 1 Glühlämpchen
- 1 Fassung
- 3 Drähte
- 2 Büroklammern
- 1 Schraubenzieher

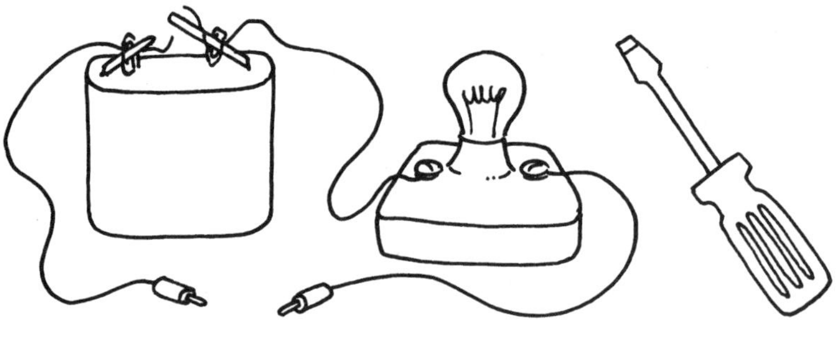

***Aufgabe:***

1. Baut den Versuch wie abgebildet auf.
2. Legt in die Lücke des Stromkreises jeweils die Materialien, die ihr untersuchen wollt. Wann ist der Stromkreis geschlossen, sodass das Lämpchen leuchtet?
3. Füllt die Tabelle aus.

| Gegenstand | Aus welchem Material besteht der Gegenstand? | Lämpchen leuchtet | Material leitet den Strom | Material isoliert (leitet nicht) |
|---|---|---|---|---|
| | | | | |
| | | | | |
| | | | | |
| | | | | |
| | | | | |
| | | | | |

4. Setze die Wörter aus dem Kasten in den Lückentext ein.

Wenn das Lämpchen leuchtet, habt ihr Materialien verwendet, durch die

Strom gut fließen kann. Sie werden ____________________ genannt.

Es gibt auch Materialien, durch die der Strom nicht fließt. Sie heißen

________________________ oder ________________________.

| Nichtleiter Leiter Isolatoren |
|---|

# Station 8 Richtiger Umgang mit Strom

Im Umgang mit Strom sind bestimmte Dinge zu beachten, damit es nicht zu lebensgefährlichen Unfällen kommt.

***Aufgabe:***

1. Die Bilder zeigen Situationen, die lebensgefährlich sind. Formuliere zu den Bildern Regeln und schreibe sie auf.
2. Kreuze die Bilder danach mit einem Rotstift durch.

**Niemals an elektrischen Geräten herumbasteln!**

# Station 9 Zeichen in der Elektrotechnik

Es ist nicht leicht, Stromkreise mit Batterie, Lampe und Leitungen so zu zeichnen, dass sie wie in Wirklichkeit aussehen. Damit eine solche Zeichnung übersichtlich ist und von allen verstanden werden kann, haben Elektriker bestimmte technische Zeichen entwickelt, mit denen sie Stromkreise und die darin verwendeten Dinge darstellen.

***Aufgabe:***

1. Schaut euch zuerst die Memorykarten mit den technischen Symbolen genau an. Prägt euch die Zeichen und die Erklärungen ein.

2. Nehmt die Memorykarten und spielt das Spiel.

| | |
|---|---|
| 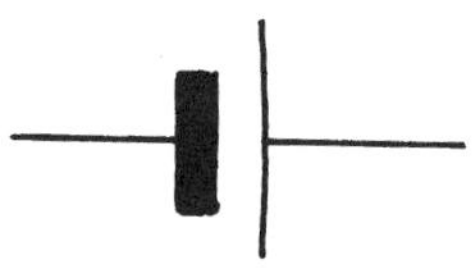 | Stromquelle |
| 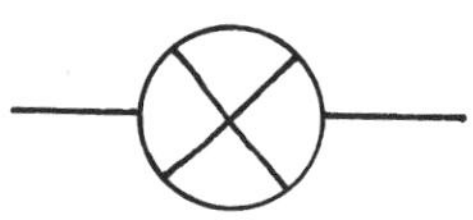 | Lampe leuchtet nicht |
|  | Lampe leuchtet |
| 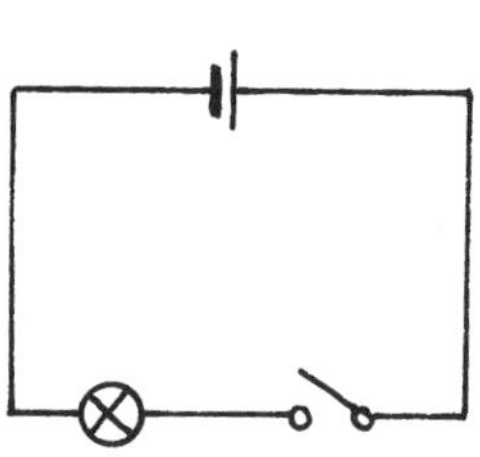 | Stromkreis offen |

| | |
|---|---|
|  | Schalter offen |
|  | Schalter geschlossen |
|  | Draht |
| 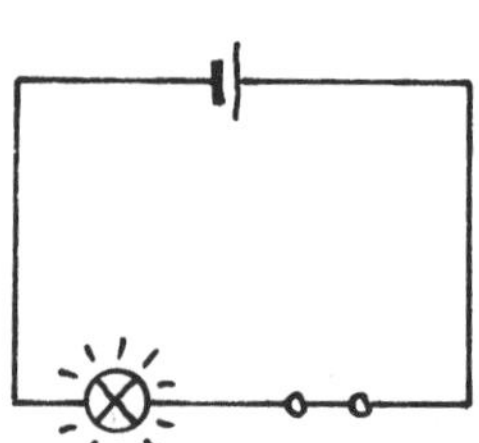 | Stromkreis geschlossen |

## Station 10 Salz und Pfeffer

**Du brauchst:**

- Salz
- gemahlener Pfeffer
- 1 Teller
- 1 Plastiklöffel
- 1 weiches Tuch

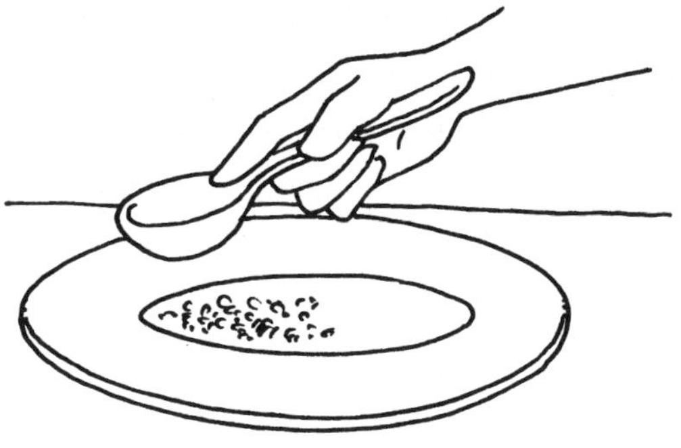

**So funktioniert es:**

1. Mische Salz und Pfeffer auf dem Teller.

2. Reibe den Plastiklöffel mehrmals über das weiche Tuch.

3. Halte nun den Löffel über den Teller. Berühre dabei das Salz und den Pfeffer nicht!

**Aufgabe:**

Beschreibe deine Beobachtung und zeichne sie auf.

2. Lies dir nun auf der Lösungskarte die Erklärung zu dem Versuch durch.

# Station 11 Strom aus dem Windkraftwerk ☺

***Aufgabe:***

1. Schau dir das Bild an und lies den unten stehenden Text.

2. Trage die Nummern der Begriffe aus dem Text an die entsprechende Stelle im Bild ein.

Windräder ① stehen oft in Gegenden, in denen ein starker Wind weht. Der Wind treibt die großen Rotoren ② an. Ein Generator ③ wandelt die Bewegungsenergie des Windes in elektrische Energie um.

Der elektrische Strom gelangt über einen Transformator ④, der den Strom auf Hochspannung bringt, in die Hochspannungsleitungen ⑤. Über Hochspannungsmaste ⑥ wird der Strom in das Umspannwerk ⑦ geleitet. Hier wird die Spannung des Stroms wieder herabgesetzt. Über Stromleitungen unter der Erde fließt der Strom in einen Verteilerschrank ⑧ und gelangt von dort in die Häuser.

Im Haus durchläuft der Strom den Sicherungskasten ⑨ und den Stromzähler ⑩. In den Wohnungen kommt er in den Steckdosen ⑪ an. Dort können elektrische Geräte angeschlossen werden.

# Station 12 Strom sparen

**Aufgabe:**

1. Hier siehst du das Haus der Familie Hase. Sieh es dir genau an und male alle Geräte an, die Strom verbrauchen.

2. Wie könnte Familie Hase Strom sparen? Schreibe deine Ideen auf.

## Station 1 Magnete

**Du brauchst:**

- 1 Hufeisenmagnet
- 1 Stabmagnet
- 1 Scheibenmagnet
- Büroklammern

**Aufgabe:**

1. Es gibt verschiedene Arten von Magneten.
   Verbinde die Begriffe mit den passenden Abbildungen.

Hufeisenmagnet    Stabmagnet    Scheibenmagnet

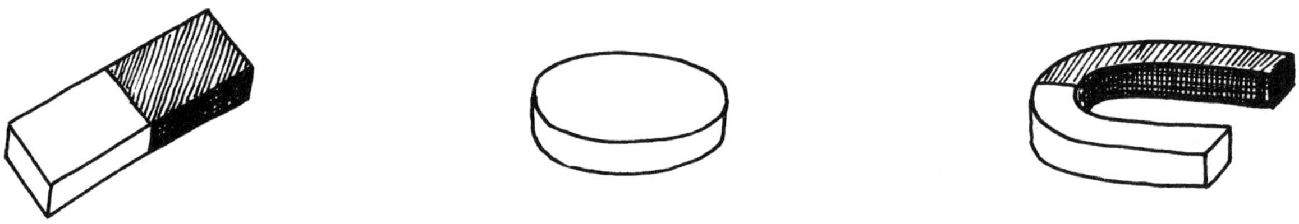

2. Vermute, welcher der drei Magnete die meisten Büroklammern anzieht.
   Probiere es aus. Schreibe deine Beobachtungen auf.

______________________________________________

______________________________________________

______________________________________________

______________________________________________

______________________________________________

3. Überlege und schaue dich in der Schule und bei dir zu Hause gut um.
   Wo findest du in deinem Alltag Magnete? Schreibe auf.

______________________________________________

______________________________________________

______________________________________________

______________________________________________

## Station 2 — Welche Gegenstände zieht ein Magnet an?

**Du brauchst:**

- Gegenstände, die unten abgebildet sind
- 1 Magnet

**Aufgabe:**

1. Schaue dir die Gegenstände genau an.
2. Vermute, welche Gegenstände von einem Magneten angezogen werden. Kreuze deine Vermutungen an.
3. Nimm dir nun einen Magneten und überprüfe die Vermutungen. Trage deine Ergebnisse ein.

| **Gegenstand** | | **Wird der Gegenstand angezogen?** Vermutung | | **Wird der Gegenstand angezogen?** Ergebnis | |
|---|---|---|---|---|---|
| | | ja | nein | ja | nein |
| Radiergummi | 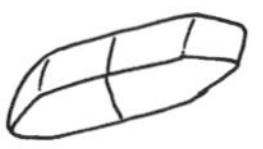 | | | | |
| Eisenschraube | 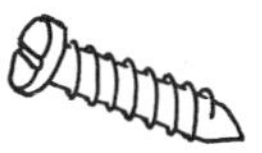 | | | | |
| Büroklammer |  | | | | |
| Schlüssel |  | | | | |
| Stein | 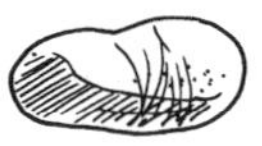 | | | | |
| Glas |  | | | | |
| Papier |  | | | | |
| Spielstein | 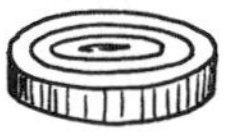 | | | | |
| 1-Euro-Münze |  | | | | |

4. Schaue dir die Gegenstände an, die vom Magneten angezogen werden. Was fällt dir auf?

______________________________________________

______________________________________________

# Station 3 Magnetpole

***Du brauchst:***

- 2 Stabmagnete

Ein Stabmagnet setzt sich aus zwei Polen zusammen, dem Süd- und dem Nordpol.

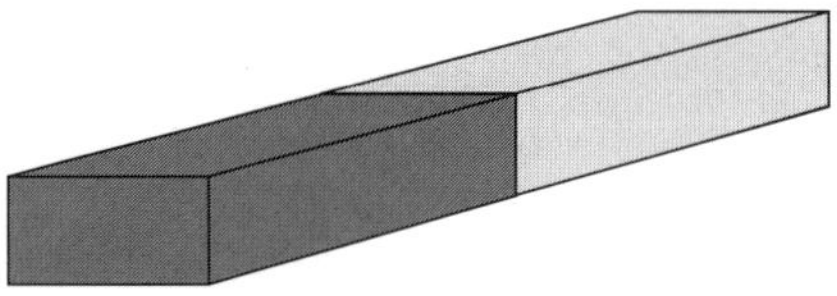

Südpol (grün)

Nordpol (rot)

***Aufgabe:***

1. Nimm dir zwei Magnete. Schiebe die Magnete langsam aufeinander zu. Beschreibe und zeichne deine Beobachtungen.

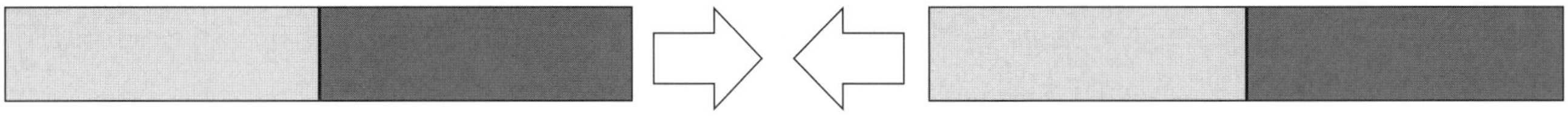

2. Drehe nun einen Magneten um und wiederhole den Versuch. Beschreibe und zeichne deine neuen Beobachtungen.

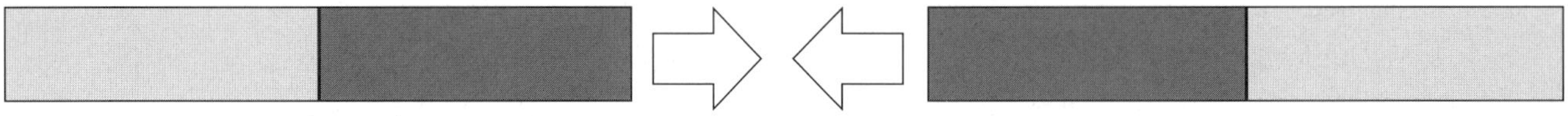

## Station 4 Die Kraft eines Magneten (1)

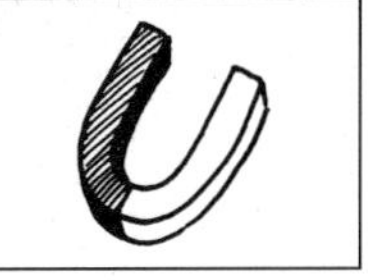

**Du brauchst:**

- 1 Stabmagnet
- Büroklammern
- Lineal und Bleistift
- Blatt Papier
- Hufeisenmagnet

**Aufgabe:**

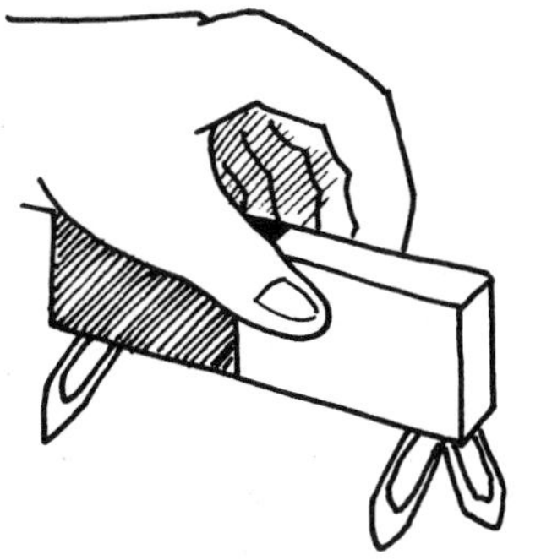

1. Nimm dir einen Stabmagneten und probiere aus, an welcher Stelle des Magneten du die längste Kette aus Büroklammern hängen kannst. Zeichne ein.

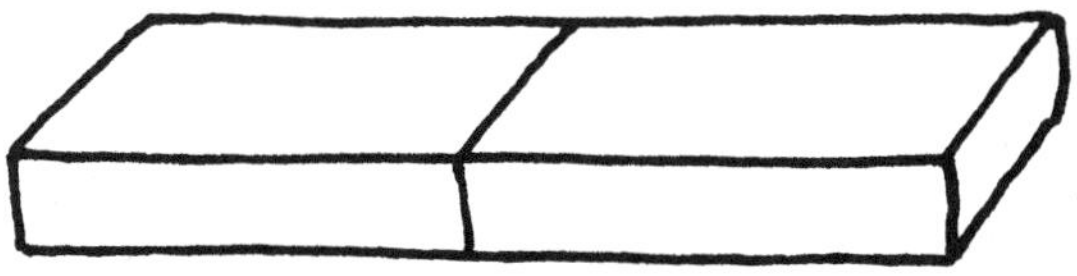

2. Nimm dir das Lineal, einen Stabmagneten und eine Büroklammer und lege sie wie abgebildet auf das Papier. Schiebe nun den Magneten langsam an die Büroklammer heran. Stoppe, wenn die Büroklammer sich bewegt. Mache an dieser Stelle einen Strich und wiederhole den Versuch mit dem Hufeisenmagneten. Was stellst du fest? Schreibe auf.

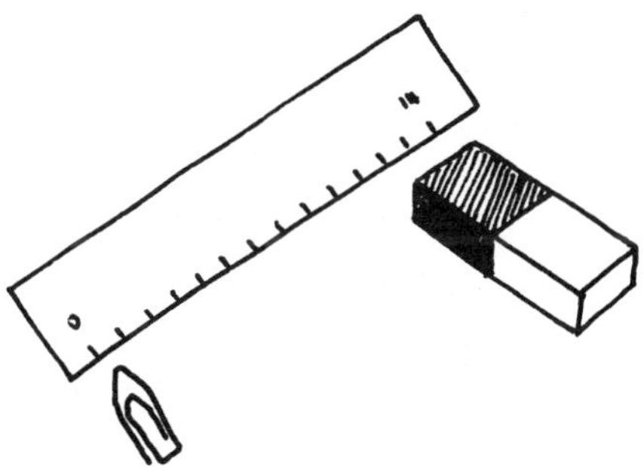

# Station 5 Die Kraft eines Magneten (2) ☺ / ☺☺

***Du brauchst:***

- 1 Eisennagel
- 1 Stabmagnet
- Büroklammern

***Versuch 1:***

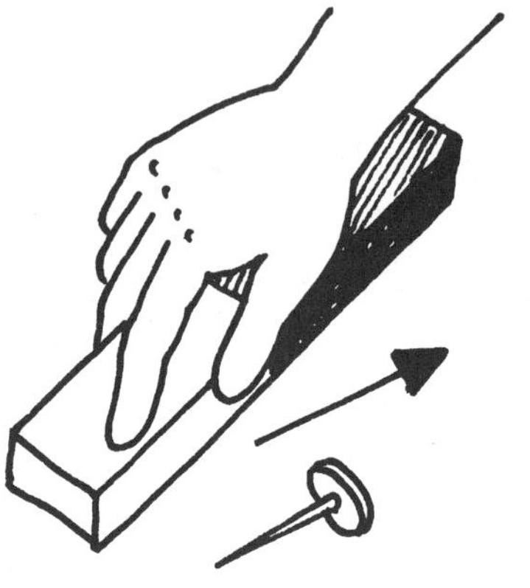

1. Streiche 40-mal mit demselben Ende eines Magneten von oben nach unten über den Eisennagel.

   ⚠ **Immer nur in eine Richtung streichen, nicht hin und her.**

2. Halte nun den Eisennagel an die Büroklammern. Vermute, was passiert.

   ______________________________________________

   ______________________________________________

3. Probiere es aus. Was beobachtest du?

   ______________________________________________

   ______________________________________________

***Versuch 2:***

1. Nimm dir den Eisennagel. Wirf ihn 10-mal ganz fest auf den Boden. Achte darauf, dass du niemanden dabei verletzt.

2. Vermute, was passiert, wenn du den Eisennagel erneut an die Büroklammern hältst.

   ______________________________________________

   ______________________________________________

3. Probiere es aus. Schreibe deine Beobachtungen auf.

   ______________________________________________

   ______________________________________________

| Station 6 | Wie wirkt die Magnetkraft durch Gegenstände hindurch? ☺/☺☺ |  |
|---|---|---|

**Aufgabe 1:**

**Du brauchst:**

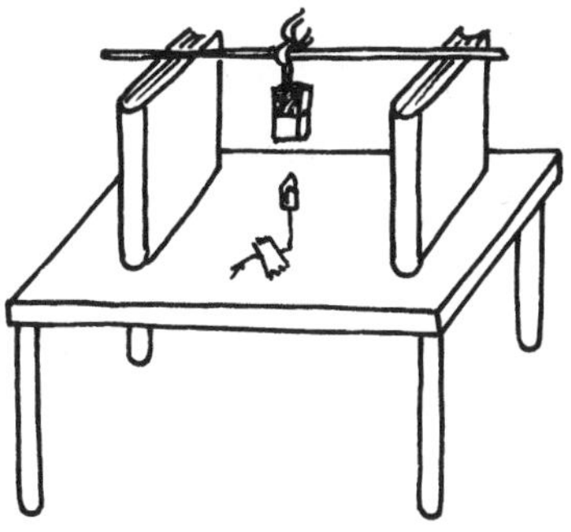

- 2 Bücher
- 1 Büroklammer
- 1 Stabmagnet
- Wollfaden
- Klebestreifen
- 1 Holzstab oder 1 Lineal
- zu testende Materialien

**So funktioniert es:**

1. Baue den Versuch, wie abgebildet, auf.
2. Prüfe, ob die Büroklammer auch durch Dinge hindurch vom Magneten angezogen wird, indem du das Material zwischen Büroklammer und Magneten hältst.
3. Kreuze zunächst deine Vermutungen an.

| **Material** | Vermutung: **Die Büroklammer wird** | | Ergebnis: **Die Büroklammer wird** | |
|---|---|---|---|---|
| | **angezogen** | **nicht angezogen** | **angezogen** | **nicht angezogen** |
| Holz | | | | |
| Stoff | | | | |
| Plastik | | | | |
| Papier | | | | |
| Gummi | | | | |

**Aufgabe 2:**

**Du brauchst:**

- 1 Glas mit Wasser
- 1 Eisennagel
- 1 Magnet

1. Wirf den Eisennagel in ein Glas mit Wasser. Bekommst du ihn wieder heraus, ohne deine Hände nass zu machen?
2. Schreibe auf, wie du es geschafft hast:

________________________________________

________________________________________

## Station 7 — Wir machen das magnetische Feld sichtbar

**_Du brauchst:_**

- 1 Hufeisenmagnet
- feste Pappe
- Eisenspäne

⚠ **Eisenspäne dürfen niemals eingeatmet werden!**

**_So funktioniert es:_**

1. Lege die Pappe auf den Hufeisenmagneten.
2. Streue nun eine dünne Schicht Eisenspäne auf die Pappe. Beobachte, was passiert.
3. Klopfe nun vorsichtig auf die Pappe. Was stellst du fest?

**_Aufgabe:_**

Schreibe und zeichne deine Beobachtungen auf.

# Station 8 Der Kompass

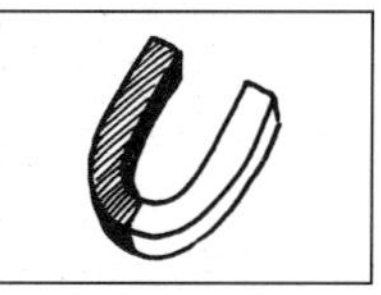

Ein Kompass wird dazu benutzt, sich in einem fremden Gelände zu orientieren und die Himmelsrichtungen zu bestimmen. Du kannst dir selbst einen einfachen Kompass bauen.

***Du brauchst:***

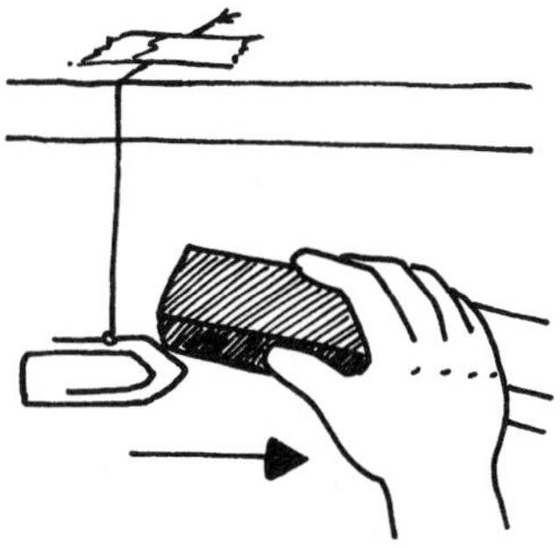

- eine Büroklammer aus Metall
- Klebeband
- einen dünnen, langen Faden
- einen starken Magneten

***Aufgabe 1:***

1. Binde den Faden in der Mitte der Büroklammer fest und hänge ihn an einer Tischkante so auf, dass die Büroklammer frei schwebt.

2. Streiche mit dem Nordpol des Magneten mehrmals in der gleichen Richtung über die Büroklammer.

3. Lass die Büroklammer hängen und beobachte, was passiert.

______________________________________________

______________________________________________

______________________________________________

______________________________________________

______________________________________________

***Aufgabe 2:***

Auf einem Kompass sind die vier Himmelsrichtungen Norden, Osten, Süden, Westen angegeben.

1. Welcher Buchstabe steht dabei für welche Himmelsrichtung?

   N: ____________________ O: ____________________

   S: ____________________ W: ____________________

2. Kennst du auch diese Himmelsrichtungen?

   NO: Nordost SO: ____________________

   SW: ____________________ NW: ____________________

# Laufzettel

für ______________________

**PFLICHTSTATIONEN**

| Stationsnummer | Erledigt am | Kontrolliert am |
|---|---|---|
| Nummer ______ | | |
| Nummer ______ | | |
| Nummer ______ | | |
| Nummer ______ | | |
| Nummer ______ | | |
| Nummer ______ | | |
| Nummer ______ | | |
| Nummer ______ | | |

**WAHLSTATIONEN**

| Stationsnummer | Erledigt am | Kontrolliert am |
|---|---|---|
| Nummer ______ | | |
| Nummer ______ | | |
| Nummer ______ | | |
| Nummer ______ | | |
| Nummer ______ | | |
| Nummer ______ | | |
| Nummer ______ | | |

# Lösungen

## Wetter/Station 1 — Seite 9

1. Das Thermometer ist ein **Gerät** zum Messen von **Temperaturen**. Das Flüssigkeitsthermometer hat der schwedische **Wissenschaftler** Anders Celsius erfunden.
   So funktioniert es: In einem **Glasröhrchen** befindet sich eine Flüssigkeit. Wird diese Flüssigkeit unten im **Flüssigkeitsbehälter** warm, so dehnt sie sich aus und **steigt** im Röhrchen nach oben. Bei Kälte zieht sie sich wieder zusammen und **sinkt** nach unten. Bleibt die Flüssigkeit im Röhrchen stehen, kannst du dort an der **Skala** ablesen, wie warm es ist.
   Es gibt inzwischen auch Thermometer, die anders funktionieren, zum Beispiel digitale Thermometer.
   Die Temperatur wird in Grad Celsius (°C) angegeben. Du sagst: „Es sind 15 Grad Celsius."
   Du schreibst: „15 °C."

2. Beispiele: Fieberthermometer, Zimmerthermometer, Außenthermometer, Badethermometer, Thermometer zur Messung der Wassertemperatur im Aquarium

## Wetter/Station 2 — Seite 10

1.

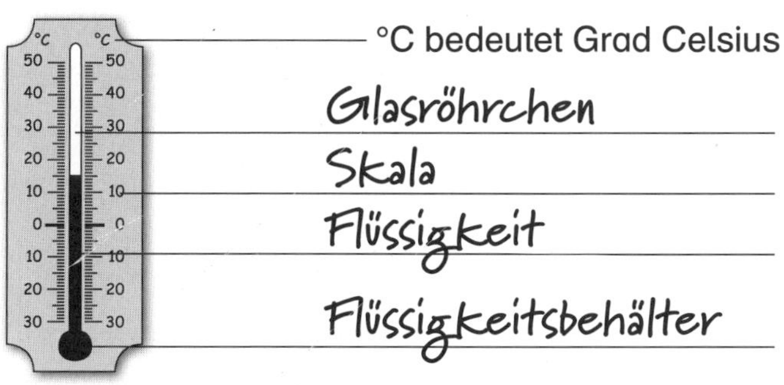


2.

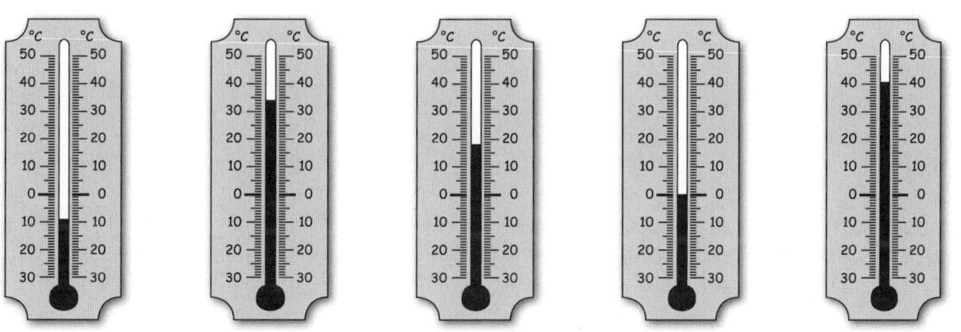

−9 °C | 34 °C | 18 °C | 0 °C | 41 °C

3.

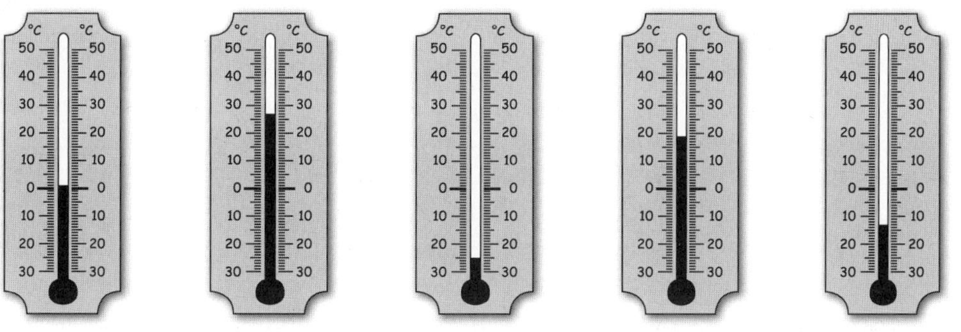

1 °C | 27 °C | −25 °C | 19 °C | −13 °C

## Wetter/Station 3 — Seite 11

**Beobachtung:**

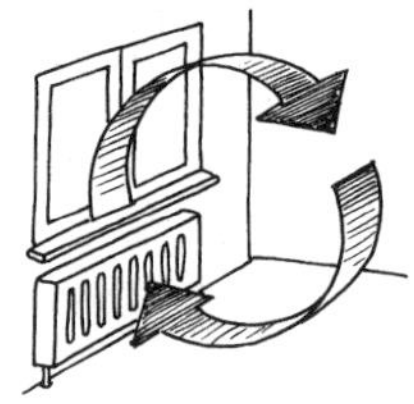

An der Heizung und an höher gelegenen Punkten sind die Temperaturen höher als an tiefer gelegenen Punkten. Dies liegt daran, dass warme Luft leichter ist als kalte und nach oben steigt.

## Wetter/Station 4 — Seite 12

Mit zunehmender Höhe kühlen sich die Wassertröpfchen in den Wolken wieder ab.

Die Tröpfchen verbinden sich zu immer größer werdenden Tropfen. Irgendwann sind sie so schwer, dass sie als Regentropfen vom Himmel fallen.

Millionen solcher kleiner Tropfen bilden dann die Wolken, die weiter aufsteigen.

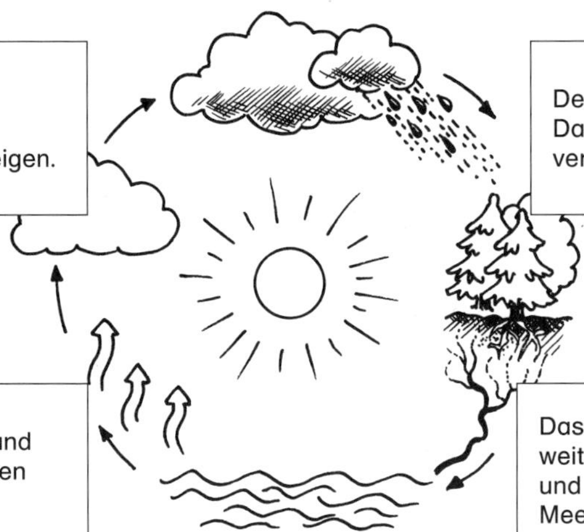

Der Regen fällt auf die Erde. Das Wasser verdunstet oder versickert im Boden.

Das Wasser verdunstet und steigt in Form von winzigen Tröpfchen nach oben.

Das Wasser fließt im Boden weiter und gelangt in Bäche und Flüsse. Diese münden ins Meer.

Die Sonne erwärmt das Wasser.

## Wetter/Station 5 — Seite 13

**Beobachtung:**

Die Pflanze gibt Wasserdampf an die Luft im Glas ab. Auch die Sonne oder Heizungswärme lässt Wasserdampf aufsteigen. Nach einer Weile wird dieser Wasserdampf bei Berührung mit dem kühleren Glas und der Folie wieder zu Wasser und es bilden sich Tropfen.
So entsteht auch Regen. Warme feuchte Luft steigt auf. In den höheren Luftschichten ist es deutlich kälter und der Wasserdampf wird wieder zu Wasser. Man sagt: Er kondensiert. Werden die Wassertropfen in den Wolken zu schwer, fallen sie als Regen zur Erde.

## Wetter/Station 6 Seite 14

**Beobachtung:**

Die Flasche wird trüb und ist nicht mehr so durchsichtig wie zuvor. Es bildet sich Nebel. Ein Teil des heißen Wassers ist als Wasserdampf nach oben gestiegen. Dort trifft der Wasserdampf auf den kalten Eiswürfel, wird abgekühlt und wieder zu Wasser. Diese Wassertropfen hängen sich an winzige Staubteile in der Luft. Auch am Flaschenhals bilden sich Wassertropfen.

## Wetter/Station 7 Seite 15

| | | | | |
|---|---|---|---|---|
|  |  |  | 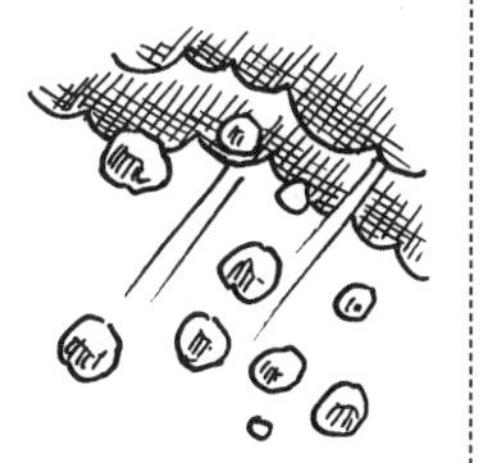 |  |
| **Schneeflocken** | **Regen** | **Nebel** | **Hagel** | **Tau** |

## Wetter/Station 8 Seite 16

| Windstärke 1 | Windstärke 6 | Windstärke 9 | Windstärke 12 |
|---|---|---|---|
|  |  |  |  |
| **leichter Zug** | **starker Wind** | **Sturm** | **Orkan** |
| Rauch gibt die Windrichtung an, die Wetterfahne reagiert noch nicht. | Starke Äste sind in Bewegung. | Häuser sind leicht beschädigt, Dachziegel fallen herunter. | Große Verwüstungen sind zu sehen. |

## Wetter/Station 9

Seite 17

**Haufenwolken**
bilden Wolkenbänke aus vielen einzelnen Wolken. Sie sehen aus wie Wattebausche. Aus ihnen fällt selten Regen.

**Gewitterwolken**
sind die größten Wolken. Sie sind dunkel, wirken sehr bedrohlich und hängen tief. Aus einer Gewitterwolke kann viel Regen, Schnee oder Hagel fallen.

**Federwolken**
sehen aus wie weiße, flaumige Federn. Aus ihnen fällt kein Regen.

**Schichtwolken**
heißen so, weil sie den ganzen Himmel mit einer grauen Schicht bedecken. Aus ihnen fällt oft Regen.

**Schäfchenwolken**
bestehen aus kleinen weißen Wolkenflecken. Sie sind meist in Gruppen oder Bändern angeordnet. Sie sehen aus wie eine Schafherde am Himmel.

## Wetter/Station 10

Seite 18

| Temperatur | Wind | Niederschlag | Bewölkung |
|---|---|---|---|
| Hitze | Sturm | Regen | bedeckt |
| Kälte | Orkan | Hagel | wolkig |
| 14 °C | windig | Schnee | Haufenwolken |
| 27 °C | windstill | Nebel | wolkenlos |
| eisig | | Schneeregen | Schäfchenwolken |
| kühl | | | |
| −2 °C | | | |

## Wetter/Station 11 — Seite 19

Am 17. Mai fällt im Norden mäßiger Regen. Im Osten kann es dabei zeitweise sonnige Abschnitte geben. In der Mitte Deutschlands muss mit Gewittern und Regenschauern gerechnet werden. Im Süden Deutschlands ist es bewölkt, zeitweise kann Regen fallen. Die Temperaturen erreichen in ganz Deutschland Höchstwerte von 17 bis 21 °C.

## Wetter/Station 12 — Seite 20

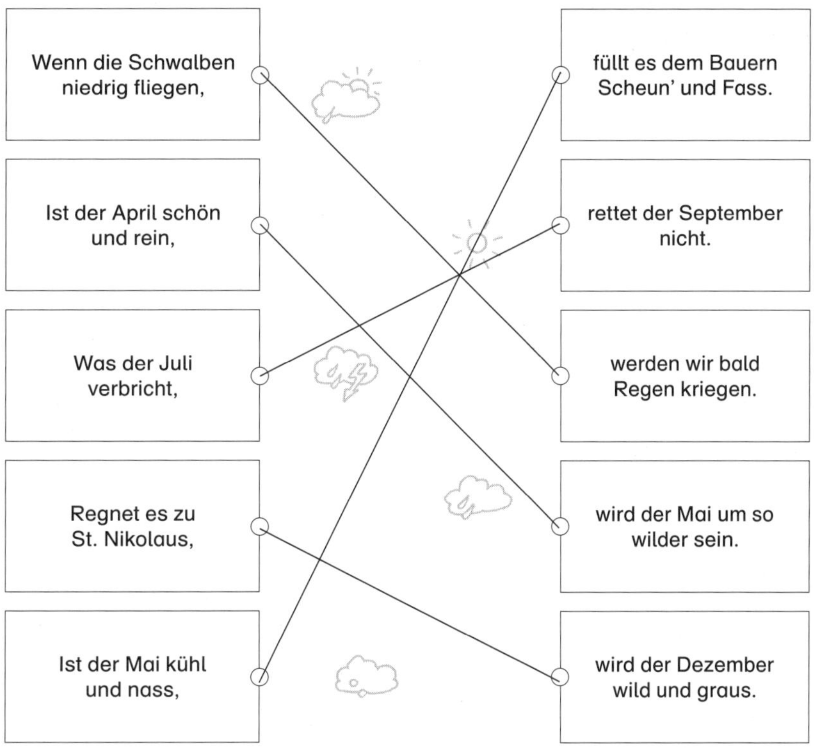


## Getreide/Station 1 — Seite 21

## Getreide/Station 2 — Seite 22–24

**Weizen**

Höhe: bis zu 1,5 m

Aussaat: Winterweizen: September bis Dezember, Sommerweizen: März

Blütezeit: Juni

Erntezeit: August

Körneranzahl einer Ähre/Rispe: 40 bis 175

Wissenswertes: Herkunft: Afghanistan, Ähren: vierkanteig, ohne Grannen

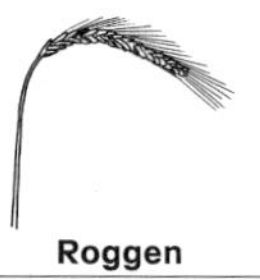

**Roggen**

Höhe: bis zu 2 m

Aussaat: Oktober

Blütezeit: Ende Mai

Erntezeit: Juli

Körneranzahl einer Ähre/Rispe: 60 bis 90

Wissenswertes: Herkunft: Iran, Ähren vierkanteig, mit kurzen Grannen

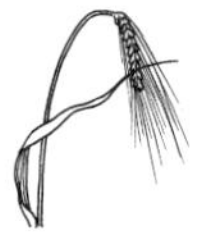

**Gerste**

Höhe: 60 cm

Aussaat: Wintergerste: September/Oktober, Sommergerste: März/April

Blütezeit: Juni/Juli

Erntezeit: August

Körneranzahl einer Ähre/Rispe: 25 bis 30

Wissenswertes: Herkunft: Südostasien, Ähren mit langen Grannen

**Hafer**

Höhe: bis zu 1,5 m

Aussaat: März/April

Blütezeit: Juni/Juli

Erntezeit: August

Körneranzahl einer Ähre/Rispe: 40

Wissenswertes: Herkunft: Asien, ehemals Getreideunkraut, gehört zu den Rispengräsern

## Getreide/Station 3 — Seite 25

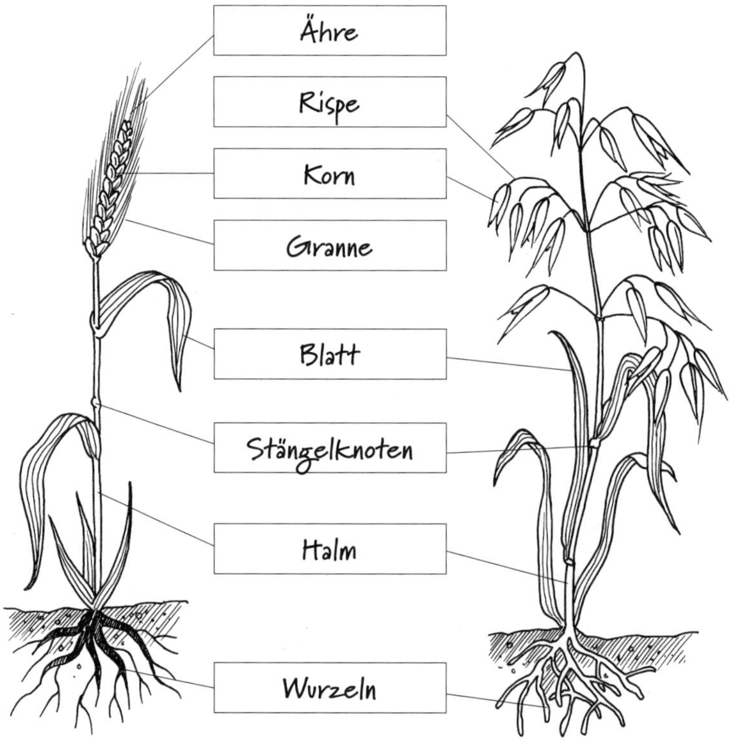

## Getreide/Station 4 — Seite 26

2. Die Körner der verschieden Getreidearten sind im Aussehen einander ähnlich.

3.

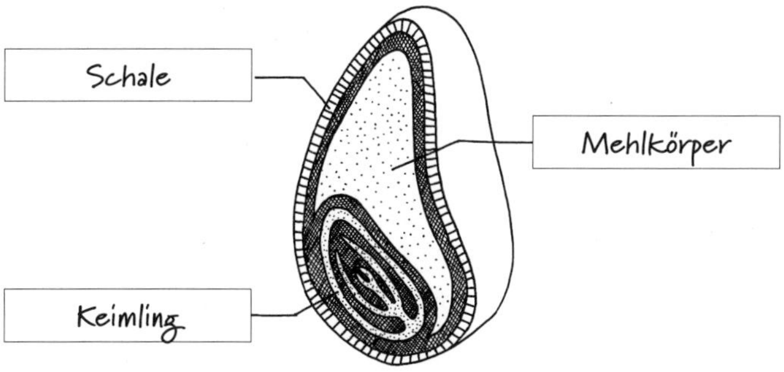


4. Die Schale der Körner wird durch das Mahlen zerstört und das Innere (der Mehlkörper) kommt deutlich sichtbar als weißer Bestandteil zum Vorschein. Je nach Intensität des Mahlens wird der Mehlkörper zerkleinert und das Mehl als Endprodukt wird feiner oder bleibt grob.

## Getreide/Station 5 — Seite 27/28

| | Text | Bild |
|---|---|---|
| ① | Der Pflug reißt die Erde auf. |  |
| ② | Die Egge zerkleinert die Erde und ebnet den Boden. |  |
| ③ | Die Körner werden eingesät und wieder mit Erde bedeckt. |  |
| ④ | Das Getreide wird mit der Sense abgemäht und in Garben gebunden. |  |
| ⑤ | Die Garben werden gebündelt und aufgeladen. |  |
| ⑥ | Die Körner werden aus den Ähren gedroschen. |  |
| ⑦ | Die Körner werden von der Spreu (Getreideabfall) getrennt und in Säcke gefüllt. |  |
| ⑧ | Die Säcke werden zur Mühle gebracht und die Körner zu Mehl gemahlen. |  |

## Getreide/Station 6 Seite 29

Das Korn wird aus dem Silo in Säcke abgefüllt.

Der Mähdrescher reinigt die Körner und befördert sie in ein Silo.

Der Pflug reißt die Erde auf.

Die Egge zerkleinert die Erde und ebnet den Boden.

Die Sämaschine bringt die Körner in den Boden.

Der Mähdrescher schneidet das Getreide ab und drischt die Körner aus.

Der Bauer bringt das Korn zur Mühle, wo es zu Mehl gemahlen wird.

## Getreide/Station 8 Seite 31

1.

| | | | | | | | | |
|---|---|---|---|---|---|---|---|---|
| H | I | R | S | E | H | E | H | H |
| A | W | O | C | H | G | H | W | K |
| F | U | G | E | R | S | T | E | B |
| E | I | G | B | H | M | A | I | S |
| R | H | E | H | D | H | H | Z | E |
| M | L | N | O | P | E | H | E | H |
| T | E | H | V | N | H | A | N | Y |

2.

Weizen

Roggen

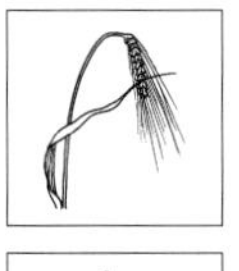
Gerste

Hafer

Mais

Hirse

## Teich/Station 1 Seite 32

1.

2. Frosch, Fischreiher, Schwan, Stockente, Blesshuhn, Karpfen
3. Seerose, Schilf, Sumpfdotterblume

## Teich/Station 2 Seite 33/34

2.

| **Name** | Karpfen | Hecht |
|---|---|---|
| **Größe** | 35 cm | Männchen 100 cm, Weibchen 150cm |
| **Gewicht** | 1 kg | 15 kg |
| **Alter** | Über 50 Jahre | 100 Jahre |
| **Aussehen** | Afterflosse, Bauchflosse, Brustflosse, Rückenflosse, schwach gegabelte Schwanzflosse, kurze und lange Barteln | schlank, Rückenflosse sitzt nah am Schwanz, Unterkiefer steht weit vor, Maul ist bis unter die Augen gespalten und wie ein Entenschnabel geformt, sehr spitze Zähne, von grau- bis gelbgrün mit dunklerem Rücken und weißlichem Bauch, seitlich helle, oft goldgelbe Flecken und Streifen |
| **Nahrung** | Insektenlarven, Schnecken und Würmer | Fische, Frösche, Säugetiere, Wasservögel, kranke und schwache Wassertiere |

3. Karpfen: Friedfisch, Nahrung, kleiner, leichter, mehr Flossen, Barteln, Weibchen (Rogner), Männchen (Milchner), keine großen Möglichkeiten zur Tarnung (nicht notwendig)
   Hecht: Raubfisch, Nahrung, größer, schwerer, Alter, Form des Kopfes, spitze Zähne, Färbung, Tarnung
4. Kiemenatmung, Lebensraum (Teiche, langsame Flüsse), Laichablage

## Teich/Station 3 — Seite 35

Name: Wasserfrosch

Aussehen: kurze Vorderbeine, lange Hinterbeine mit Schwimmhäuten, feuchte und teilweise warzige Haut, Männchen mit Schallblasen

Nahrung: Insekten, Spinnen

Fortbewegung: springen, schwimmen

Besonderheit: fängt Nahrung mit der langen Zunge, steht unter Artenschutz

## Teich/Station 4 — Seite 36

| | |
|---|---|
| Im Frühjahr kriecht der Frosch aus seinem frostsicheren Versteck hervor. |  |
| Im April/Mai findet die Paarung statt. Das Männchen sprüht seine Samen über die vom Weibchen gelegten Eier. |  |
| Die Froscheier sind von einer durchsichtigen Masse umgeben. Das nennt man Froschlaich. Aus den Eiern entwickeln sich Larven. |  |
| Die Larven schlüpfen aus den Eiern. Sie atmen durch Kiemen und heißen Kaulquappen. |  |
| Die Kaulquappen raspeln Teile von den Wasserpflanzen ab. Die Hinterbeinchen wachsen. |  |
| Die Vorderbeinchen wachsen. Nun sieht die Kaulquappe wie ein kleiner Frosch mit Schwanz aus. |  |
| Die Kiemen bilden sich zurück und der Schwanz schrumpft. Der Frosch atmet nun durch die Lunge und kann nur noch außerhalb des Wassers leben. |  |
| Der Frosch ernährt sich von Spinnen, Schnecken, Würmern und Insekten, die er blitzschnell mit seiner Zunge fängt. |  |

## Teich/Station 5

Seite 38

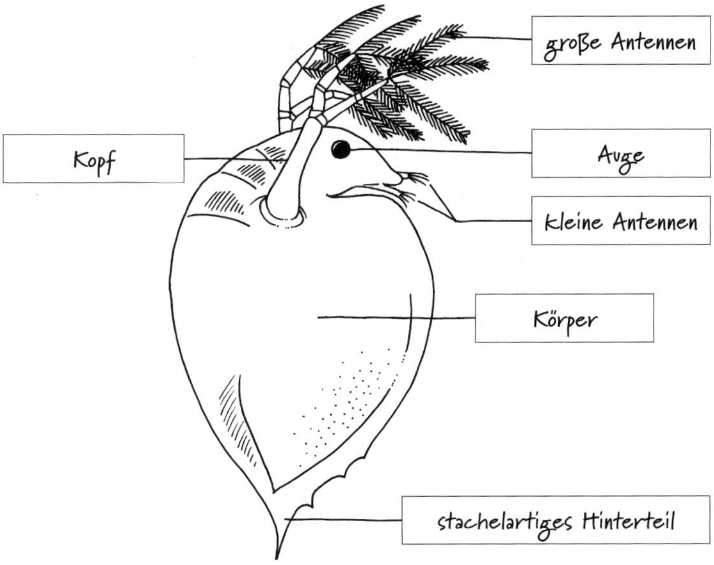


## Teich/Station 6

Seite 39

Diese Pflanze befindet sich am Rand von stehenden oder langsam fließenden Gewässern. Sie wird bis zu 4 m hoch und hat viele Stängel.

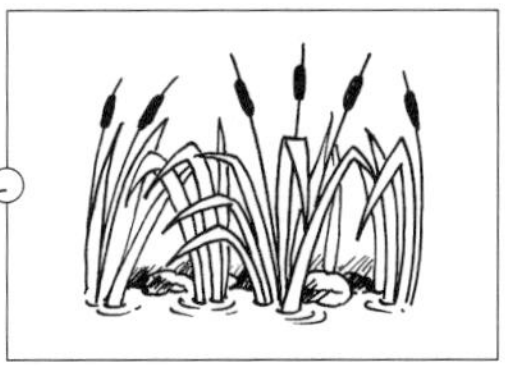

Dies ist eine Schwimmpflanze, die sich an der Wasseroberfläche befindet und aus winzigen Blättchen besteht. An der Unterseite hat sie Wurzelbüschel.

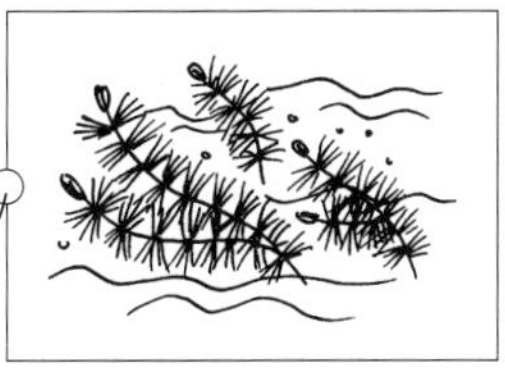

Die Pflanze wächst an Wassergräben und sumpfigen Stellen und hat im April große, gelbe Blüten.

Diese Schwimmpflanze befindet sich an der Oberfläche von Seen und großen Teichen und wird auch Wasser- und Seelilie genannt.

Diese Unterwasserpflanze schwimmt in langsam fließenden Gewässern und besitzt keine Wurzeln. Ihre Blätter sind ganz schmal und die Blüten sind kaum zu sehen. Sie reinigt das Wasser.

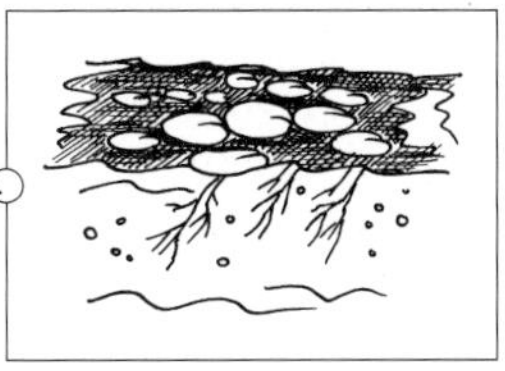

## Teich/Station 7 Seite 40

## Teich/Station 8 Seite 41

1. Mögliche Ergebnisse

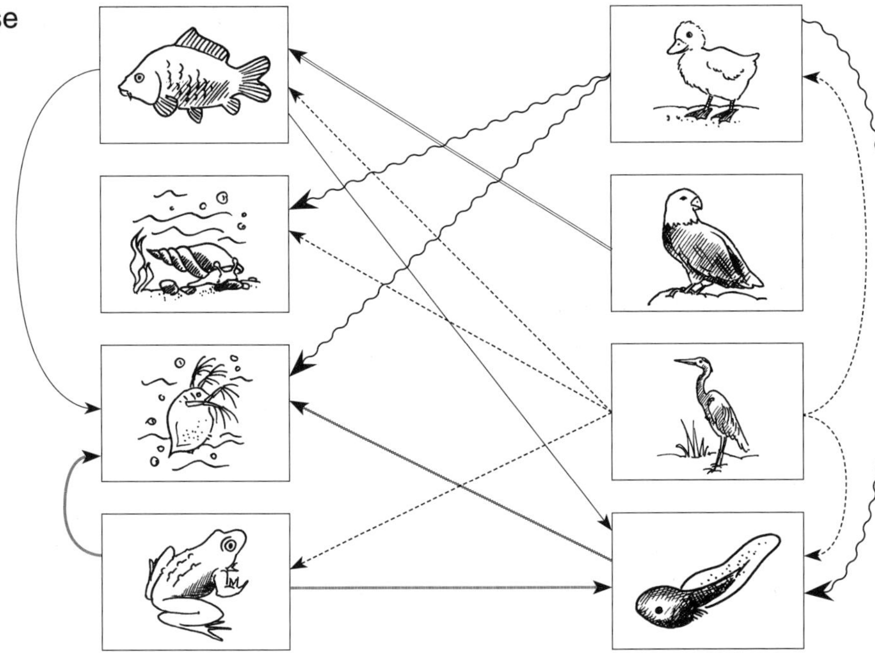

2. Kaulquappe: Wasserflöhe
   Wasserfrosch: Wasserflöhe, Kaulquappen
   Entenküken: Wasserflöhe, Wasserschnecken, Kaulquappen
   Karpfen: Wasserflöhe, Kaulquappen
   Graureiher: Kaulquappen, Wasserschnecken, Wasserfrösche, Küken, Karpfen
   Seeadler: Karpfen

## Strom/Station 1 — Seite 42

2. Beispiele

| **Licht** | **Kälte** | **Wärme** | **Bewegung** |
| --- | --- | --- | --- |
| *Stehlampe* | *Kühlschrank* | *Backofen* | *Ventilator* |
| Deckenlampe | Gefrierschrank | Herd | Mixer |
| Schreibtischlampe | | Fön | Waschmaschine |
| Kaffeemaschine (Lämpchen) | | Wäschetrockner | CD-Player |
| | | Kaffeemaschine | Brotschneidemaschine |
| | | Bügeleisen | Fön |

## Strom/Station 2 — Seite 43

2.

| **Natürliche Lichtquellen** | **Künstliche Lichtquellen** |
| --- | --- |
| Sonne | Glühlampe |
| Vulkan | Taschenlampe |
| Blitz | Straßenlaterne |
| Lagerfeuer | Kerze |
| Sterne | Öllampe |
| | Schreibtischlampe |

## Strom/Station 3 — Seite 44

1.

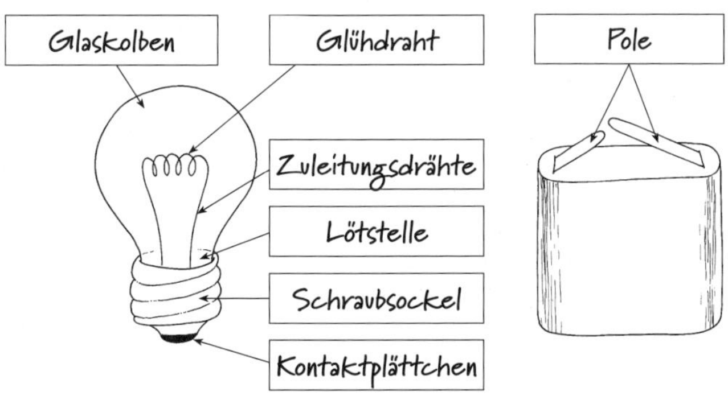


2.

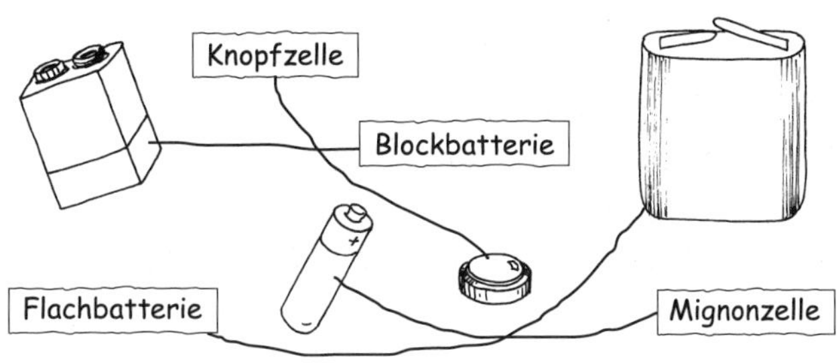

**Strom/Station 4** Seite 45

2.

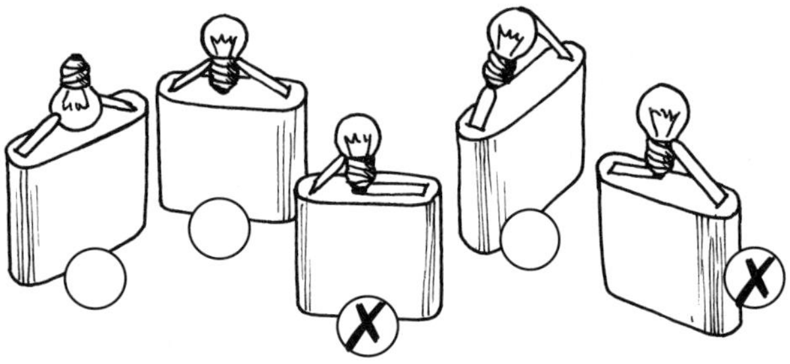

**Strom/Station 5** Seite 46

**Strom/Station 6** Seite 47

2.

Reihenschaltung

Parallelschaltung

3. Reihenschaltung: Die beiden Lämpchen leuchten ein wenig schwächer als wenn sich nur ein Lämpchen im Stromkreis befinden würde. Dreht man ein Lämpchen aus der Fassung, leuchtet auch das zweite Lämpchen nicht mehr. Das liegt daran, dass der Stromkreis nicht mehr geschlossen ist.

Parallelschaltung: Die beiden Lämpchen leuchten genauso hell wie ein einzelnes Lämpchen im Stromkreis. Dreht man ein Lämpchen aus der Fassung, leuchtet das zweite dennoch weiter. Dies liegt daran, dass beide Lämpchen einen eigenen Stromkreis haben.

**Strom/Station 7** Seite 48

Wenn das Lämpchen leuchtet, habt ihr Materialien verwendet, durch die Strom gut fließen kann. Sie werden **Leiter** genannt. Es gibt auch Materialien, durch die der Strom nicht fließt. Sie heißen **Nichtleiter** oder **Isolatoren**.

## Strom/Station 8 — Seite 49

**Niemals an elektrischen Geräten herumbasteln!**

**Niemals in der Nähe von Strommasten Drachen steigen lassen!**

**Vorsicht mit Geräten im Badezimmer.**
**Niemals elektrische Geräte in der Nähe von Badewannen benutzen!**

**Niemals eine kaputte Leitung anfassen!**

**Niemals in eine Steckdose fassen!**

**Niemals spitze Gegenstände in die Steckdose stecken!**

## Strom/Station 10 — Seite 51

Die Pfefferkörner springen an den Löffel und bleiben dort haften.
Erklärung: Reibt man den Löffel an dem Tuch, lädt er sich elektrisch auf. Die Pfefferkörnchen und das Salz werden durch die elektrische Ladung des Plastiklöffels angezogen. Die Pfefferkörner sind leicht genug, um die Schwerkraft zu überwinden und an den Löffel angezogen zu werden und dort haften zu bleiben. Die Salzkörner sind dafür zu schwer und bleiben daher auf dem Teller.

## Strom/Station 11 — Seite 52

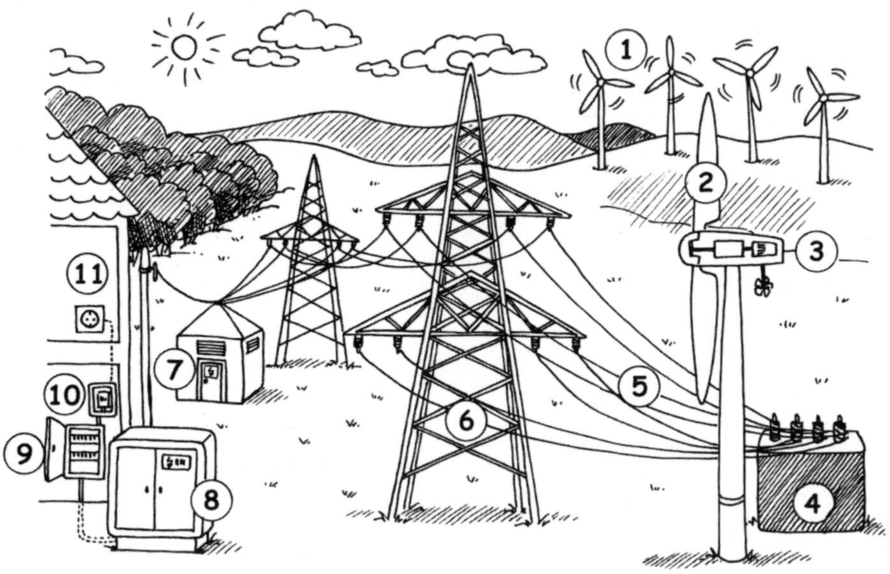


Kristina Eselgrimm/Manuela Frank: Sachunterricht an Stationen (Klasse 3)

## Strom/Station 12 — Seite 53

1. 

2. **Tipps zum Stromsparen (Beispiele):**
Geräte, die man nicht benutzt, sollte man ganz ausschalten (zum Beispiel Fernseher, Computer).
Die Waschmaschine sollte man immer gut füllen, dann muss sie nicht so oft benutzt werden.
Der Trockner verbraucht viel Strom, daher trocknet man Wäsche besser an der Luft.
Energiesparlampen sparen Strom.

## Magnete/Station 1 — Seite 54

1. 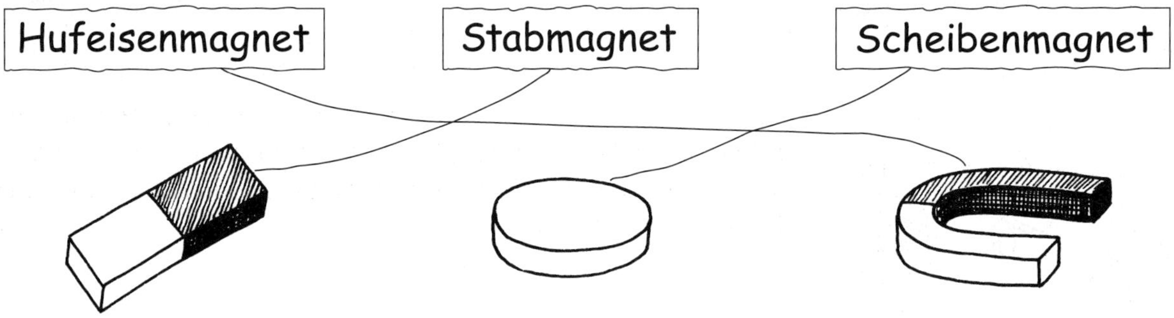


2. Die Kraft eines Magneten hängt von seiner Größe und seiner Form ab. Hufeisenmagnete sind in der Regel stärker als Stabmagneten. Die geringste Anziehungskraft haben Scheibenmagneten. Sind Form und Material jeweils gleich, so ist der größere Magnet auch der stärkere.
3. Beispiele: Kühlschrankmagnete, Magnete an Türen, Tafelmagnete, Magnete an Pinnwänden, als Verschluss an Geldbörsen oder Taschen

## Magnete/Station 2 — Seite 55

3.

| Gegenstand | Wird der Gegenstand angezogen? | |
|---|---|---|
| | ja | nein |
| Radiergummi | | ✗ |
| Eisenschraube | ✗ | |
| Büroklammer | ✗ | |
| Schlüssel | ✗ | |
| Stein | | ✗ |
| Glas | | ✗ |
| Papier | | ✗ |
| Spielstein | | ✗ |
| 1-Euro-Münze | ✗ | |

4. Magnete haben eine Anziehungskraft. Sie wirkt auf Dinge, die Eisen enthalten. Auch Stoffe, die aus den Metallen Kobalt und Nickel bestehen, werden angezogen.

## Magnete/Station 3 — Seite 56

1. Die Magnete werden voneinander angezogen und haften anschließend gut aneinander. Man braucht ein wenig Kraft, um sie wieder zu trennen. Unterschiedliche Pole ziehen sich an.
2. Die Magnete lassen sich nicht zusammenführen, sondern weichen einander aus. Gleiche Pole stoßen sich ab.

## Magnete/Station 4 — Seite 57

1.

Ein Magnet besitzt an seinen beiden Enden, den Polen, die stärkste Anziehungskraft. In der Mitte ist diese Anziehungskraft sehr klein. Deshalb kann man an den Polen mehr Büroklammern aufhängen.

2. Die Büroklammer wird aus der Ferne von dem Magneten angezogen. Je stärker der Magnet, desto weiter wirkt seine Magnetkraft. Der Hufeisenmagnet zieht die Büroklammer aus weiterer Entfernung an als der Stabmagnet.

## Magnete/Station 5 Seite 58

***Versuch 1:***

3. Der Eisennagel zieht die Büroklammern an. Indem man mit einem Magneten über einen Eisennagel mehrfach in eine Richtung streicht, wird dieser Eisennagel magnetisiert. Er wird selbst zu einem kleinen Magneten.

***Versuch 2:***

3. Der Eisennagel zieht nun keine Büroklammern mehr an. Seine Magnetkraft wurde durch die Erschütterung zerstört. Auch durch starkes Erhitzen kann Magnetkraft verloren gehen.

## Magnete/Station 6 Seite 59

***Aufgabe 1:***

| **Material** | **Die Büroklammer wird** | |
|---|---|---|
| | **angezogen** | **nicht angezogen** |
| Holz | ✗ | |
| Stoff | ✗ | |
| Plastik | ✗ | |
| Papier | ✗ | |
| Gummi | ✗ | |

Die Büroklammer wird durch die Materialien hindurch angezogen. Der Magnet kann also ungehindert durch sie hindurch wirken, sogar durch Wasser.

## Magnete/Station 7 Seite 60

**Beobachtung:**

Die Eisenspäne machen das Magnetfeld des Hufeisenmagneten sichtbar. Durch das Klopfen ordnen sich die Eisenspäne in Gruppen an. An den Polen des Magneten befinden sich die meisten Eisenspäne, da dort die Magnetkraft am stärksten ist.
Diese Anordnung geschieht, da die Eisenspäne durch ihre Nähe zum Magneten selbst zu kleinen Magneten werden. Sie richten ihre Nordpole am Südpol des großen Magneten aus. So kommt es zu den bogenförmigen Linien.

## Magnete/Station 8 Seite 61

***Aufgabe 1:***

Die Erde ist wie ein großer Magnet mit einem riesigen Magnetfeld. Wo sich ein Magnetfeld befindet, dort gibt es auch eine Anziehungskraft. Diese dreht alle frei beweglichen Magnete in Nord-Süd-Richtung.
Indem man den Stabmagneten mehrmals in gleicher Richtung über die Büroklammer streicht, wird aus der Metallklammer selbst ein kleiner Magnet. Diese magnetisierte Büroklammer richtet sich nach den Nord-Süd-Polen der Erde aus, egal, wo man wohnt. Der Nordpol der Büroklammer wird vom magnetischen Südpol der Erde angezogen.
Genauso funktioniert die Kompassnadel. Auch sie richtet sich nach den Polen des Erdmagneten aus. Ihre Spitze zeigt immer nach Norden.

***Aufgabe 2:***

1. N: Norden O: Osten
   S: Süden W: Westen
2. NO: Nordost SO: Süost
   SW: Südwest NW: Nordwest